재생처가
보였으나
할 일이 남아서

최명림 수상집

책머리에

  1장에는 필자가 소년시절부터 교육계 정년퇴직 후 백두대간 종주까지 긴 세월 감동 깊었던 사연들을 대충 꾸렸다. 2장에는 길랭바레라는 매우 희귀한 병을 얻어 죽을 고비를 넘겨 기적적으로 살아난 병상소고病床小考를 담았다.
  1장의 내용은 누구나 겪을 수 있는 평범한 일이어서 꼭 소개할 가치는 없겠지만 2장과 연결 과정으로 엮었으며 2장은 경험하기 쉽지 않은 죽음 직전, 사람의 마음이 어떠한지 세인들에게 꼭 알려드리고 싶어서 쓰지 않고는 못 견딜 것 같아서 이 책을 엮었다. 돌이켜보니 젊었던 시절 부끄러운 사연들이 넘쳐서 망설였으나 참회하는 마음으로 용기를 내었다.

내가 사는 마을 한쪽 모서리에 수령 400여 년의 느티나무 한 그루가 위풍당당하게 자리 잡고 있는데 본 마을에 처음 주거하였던 사람들이 심었다고 한다. 진주시가 지정한 보호수다. 그 노거수老巨樹 아래, 같은 세월을 살아온 샘물이 지금도 솟아오르고 있으니 정자 좋고 물 맑은 곳이 사람 살기 좋은 명당이라고 일찍이 들었다.

나의 소년시절, 이 동네 사람들 의식주는 물론 생각과 행동거지마저도 19세기 삶이었다. 난방장치는 온돌방 땔감나무에 의존하였으며 먹을거리는 쌀과 보리쌀 잡곡 등으로 자급자족하였다. 옷감도 직접 짠 무명천과 삼베 외는 없었다. 신발은 어른 아이 없이 직접 삼은 짚신이었으며 진날은 나막신을 신었다. 국민학교에 다닐 때까지도 비 오는 날은 삿갓과 도롱이를 사용하였으니 먼 옛날 남의 일 같은 느낌이 든다. 영농도 가축의 힘을 빈 재래식 방법이었으며 운반도구는 지게뿐이었다.

옛 산중 사림들은 해 뜨면 일하고 해 지면 쉬거늘 임금님의 은덕은 크게 입지 않는다며 유유자적하였다.(日出而作하고 日入而息하니 帝力이何有益이리오) 그러나 부자유친

父子有親, 장유유서長幼有序, 붕우유신朋友有信, 남녀유별男女有別 등 오륜과 삼강은 생활의 기본 덕목이었다.

  19세기 같은 삶을 겪었던 그 시절 사람들이 20세기를 거쳐 21세기 생활을 하고 있으니 3세기의 문물제도를 겪고 있다. 경제적으로는 궁핍한 삶이었지만 마음만은 풍성하였으며 언제 어디서나 사람 사는 정이 넘쳐흘렀다. 그로부터 80여 년이 지난 지금은 별유천지 같은 좋은 환경에 처해 있지만 대그릇에 개떡 담아 이웃과 나누어 먹었던 19세기 삶, 그 시절이 그립다.

  2021년 12월 길랭바레 증후군이라는 희귀병에 감염되어 생명이 경각에 달렸을 때 아주 좋은 곳에 태어날 재생처가 보였으나 극구 거부하였다. 윤회하는 6도에 재생하지 않고 불법수행을 더 쌓아 열반에 이르고 싶었기 때문이다.

  그러나 생명을 구걸한다고 어찌 뜻대로 될 수 있었으랴! 신경은 마비되고 가쁜 숨은 극에 달하여 생명이 경각에 달렸을 때 구멍 두 개가 뚫린 길쭉한 판자 하나가 갑자기 나타났다. 나는 모든 것 다 잊고 판자 구멍에 코를 붙이고 숨 화두에만 지극정성 매달려 기적적으로 살아났으니 불보살님의 가피를 입었음이 확실하다.

이렇게 한고비를 넘기고 보니 할 일도 못 다한 일도 없었으며 마음은 바람처럼 걸림 없이 자유로웠다. 삼독三毒이 녹은 보살의 경지가 이런가 싶었으며 환희심도 넘쳤다.

십이연기十二緣起에서 행行으로 인하여 형성된 식識이 명名에 부착하여 명색名色을 이루는 과정을 설명하기가 어렵다고 마하시 사야도님은 말씀하셨으나 재생처를 본 후 식識이 흘러가는 과정을 체득할 수 있었다.

무명으로 인하여 십이연기를 끊임없이 반복하는 괴로운 중생! 생자필멸生者必滅이니 회자정리會者定離라는 말을 많이 들었으나 남의 일처럼 여겼는데 언젠가는 우리에게 필히 닥칠 사건이다. 떨치고 일어나는 행운이 계속 이어질 수 있을까!

2023. 7.

추천의 말씀

검박하고 진솔한 삶의 고백
― 홀로 타오른 촛불같이

임완숙
시인, 한국시인협회 회원

 내가 죽산竹山 최명림崔明林 선생과 연을 맺은 것은 25년 전 수덕사에서 있었던 전국교사불자연합회 여름 수련회에서였다. 처음 만난 내게 다짜고짜로 "삶이 행복한가?" 툭 화두 던지듯 물으셨다. "네 행복합니다." 내가 망설임 없이 대답하자 고개를 끄덕이며 빙그레 웃음 짓던 선생의 모습이 지금도 눈에 선하다. 왜 그런 질문을 하셨는지는 모르겠다. 선생의 그 질문은 강한 인상과 함께 오랫동안 내 걸음을 지켜보는 화두가 되었었다.

 그런 기연을 가진 선생께서 수상집《재생처가 보였으나 할 일이 남아서》를 출간하신다 하니 진심으로 기쁜 축하의 말씀과 함께 두 손 들어 수희찬탄隨喜讚嘆의 힘찬 박수를 보낸다.

 내가 아는 죽산 선생은 그 불명佛名처럼 꼿꼿한 대나무같이 올곧은 선비의 기개를 지닌 분으로서 불의와 타협할 줄 모르고, 매사에 직심으로 밀고 나가는 무모할 정도로 곧은 용기를 지닌 사람. 그런가 하면 그 아호 화전당花田堂이 말하듯 이 세상에 불국토의 아름다운 꽃밭을 일구고자 정진의 끈을 다잡아온 존경스러운 면모를 지닌 재가 수행자이시다. 선생은 이미 2013년에 수상집《해묵은 메모지》를 출간하여 많은 사람들에게 감동을 선물한 훌륭한 수필가이며 또한《옛 기록의 향기》,《성을산 전주최씨 세적》,《전주최씨 진사공파 개요》등 끊임없이 문중을 비롯한 아름다운 옛 삶의 현장을 추적, 후대에 길이 전하고자 전통계승 교두보의 길을 묵묵히 걸어오신 분이다.

 그러기에《재생처가 보였으나 할 일이 남아서》에는 이

러한 선생의 발자취가 가감 없이 드러난다. 글은 곧 그 사람을 나타내는 분신과도 같다. 특히 수필은 다른 문학 장르와는 별개로 벌거벗은 자신의 진면목을 있는 그대로 세상에 드러내는 영혼의 고백서 같은 성격이 강하다. 아무리 꾸미고 겉칠을 해도 읽는 독자들은 금방 지은이의 민낯을 꿰뚫어보기 마련이다. 이처럼 진실의 바탕 위에 자리 잡고 있는 것이 수필이기에 나는 수필 읽기를 좋아한다. 특히 수필을 통해서 작가의 깊은 내면을 들여다보며 이해와 공감의 따뜻한 유대감으로 온전히 사유의 폭을 넓힐 때 그 기쁨은 이루 말할 수 없다.

죽산 선생의 수상집《재생처가 보였으나 할 일이 남아서》를 읽고서도 그러했다. 그동안 내가 알고 있던 선생의 모습과 조금도 어긋남이 없이 우선 그지없이 반가웠다. 자신을 돋보이려 아름답게 치장한 가시적인 글들이 난무하는 작금의 세태 속에서 이처럼 다소 투박하고 거친 문장으로, 아무런 기교 없이 담담하게 써 내려간 검박하고 진솔한 삶의 고백이 보석처럼 귀하게 느껴졌다.

행간에 흐르는 애틋한 가족 간의 사랑을 비롯해 자신과 맺은 크고 작은 인연들을 소중히 여기며 건실하게 일구어 온 역동적인 삶, 그것은 팍팍한 현실과 힘겹게 씨름하고 있는 젊은이들에게 넌지시 던지는 희망의 메시지와 다름 아니다. 틀림없이 젊은이에게는 용기를, 나이 지긋한 분들에게는 자신의 발자취를 돌아보며 소중한 삶의 의미를 되새길 긍정적 에너지로 작용할 것으로 생각된다.

특히 어둔 밤 홀로 타오르는 촛불같이 남모르는 열정을 가슴에 품은 선생의 고백 속에서, 어머니에 대한 지극한 사랑과 젊음을 불살랐던 합천군 봉산면 수몰된 노파마을을 찾아 그리움을 삭이는 모습은 가슴이 먹먹한 감동으로 다가온다. 선생의 맑고 정결한 인간적 면모가 강하게 부각되는 장면이기도 하다.

이처럼 이《재생처가 보였으나 할 일이 남아서》는 선생의 인성이 속속들이 드러나는 고백서이기에 행간에 묻은 향기를 차분히 맡으며 천천히 음미하며 읽어야 그 깊은 맛을 제대로 알게 된다. 한 번에 후루룩 읽고 끝내지 말고 천천히, 그리고 죽산 선생과 한 마음이 되어 한 번 더 정성껏 일독하기를 권한다. 그러면 비로소 행간에 흐르는 선생의 내밀한 세계와 온전한 만남이 이루어지리라. 부디 많은 사람들이 이 책을 읽고 마음의 위안과 평화, 삶에 힘을 얻었으면 좋겠다.

수상집《재생처가 보였으나 할 일이 남아서》
출간을 축하드리며
2023년 오월에 수희재에서
임완숙 합장

차례

책머리에 • 3
추천의 말씀 • 7

제1장 석양에 드리워진 나의 긴 그림자

고인무부古人無復	16
불안했던 시기 학창시절	21
입산할 인연이 아니었던지	30
어린 천사들과 짧은 만남	37
최전방 군부대 복무	42
후덕부인厚德婦人 삭녕최씨는 떠나시고	47
권불십년權不十年	54
준비도 계획도 없이 혼사를 치르고	59
맞이하는 사람 없지만 발길이 머무는 곳	65
퇴직	70
퇴직 후 산인으로	75
때가 되면 미련 없이	83
막역莫逆했던 스님을 추모하며	88

제2장 재생처가 보였으나 할 일이 남아서
— 병상病床 소고小考

코로나19 예방접종	96
경상내학교병원 신경과 응급실 입원	100
성한 몸으로라도 입원하여	103
위급한 상태여서 간호사실 옆 병상으로	106
따님을 애타게 그리는 노인의 절규	109
10년 기른 수염을 깎고	112
수시로 곡성이 들려오고	115
콧줄을 달아 음식물을 투여하고	118
재생처가 보였으나 할 일이 남아서	121
한고비를 넘기고	131
재활 및 퇴원	137
간병	141

책을 엮고 나서 • 148

제1장

석 양 에
드 리 워 진
나 　 　 의
긴 　 그 림 자

고인무부古人無復
— 가신 님은 돌아오지 아니하고

태고적 먼 옛날 천지가 물바다로 변했을 때 손톱만큼 좁은 땅이 겨우 물 위에 드러나 있었다. 그때 앉을 곳을 찾아 공중에서 배회하던 봉 한 마리가 그 땅에 내려앉아 쉬었다는 전설이 깃든 봉대산. 그 산 아래, 농토는 좁았지만 100여 호구나 되는 많은 사람들이 사는 죽곡 마을에서 어린 시절 내가 자랐다.

봉대산은 낙남정맥(지리산 영신봉에서 김해 분성산까지 약 200km) 지봉인데 409m의 완만한 산이지만, 객숙재, 쇠등이, 천금산, 웃상부골, 나발대, 아래상부골, 웃재밑, 참샘골, 생새이골, 비두전, 아래재밑, 천지밭골,

감실곡, 정골. 애폴, 남산뫼, 맷집갓, 거령, 무지얍따, 큰고랑, 암자골, 물방아골, 하아바아골, 중배등, 진골, 양지골, 강세이밭골, 누른나비등, 종선곡, 섬짓골, 골, 짓골, 도룡골, 등 길고 깊은 골짜기를 많이 거느리고 있다.

 무주공산 첩첩산중, 400여 년 전 임진왜란 때 전란을 피해 들어온 사람들에 의해 처음 인가가 형성되었다고 한다. 그 후에도 병자호란과 왜인들의 노략질이 계속되었으나 피해가 덜 미치는 산골이었기에 주민이 불어났다.
 생산수단이 농사뿐이었던 옛 시절, 골은 좁고 주민은 많았으니 먹을거리가 부족하였다. 그래서 사람들은 유덕한 산에 의지하여 먹을 것을 얻었다.
 봄철 햅보리를 수확하기 전, 쌀은 물론 보리쌀마저도 떨어져 먹을 것이 없는 참담한 기간을 보릿고개라고 하였다. 이때는 소나무 순이며 진달래, 쑥, 냉이 등 각종 나물을 채취하여 연명하였다. 형편이 좀 나은 집은 보릿겨를 찐 개떡이나 쑥에 밀가루를 발라서 찐 쑥털털이로 허기를 면하였다. 우리 조무래기들은 멋모르고 산으로 들로 어른들을 따라다녔다. 여남은 살 나이를 먹어서는 여름철이면 산에 집단으로 소를 방사하고 망태기에 소꼴을 채웠다. 소는 사람과 더불어 농사일을 도왔기에 생구라며 준 가족 대우를 받았다. 그렇던 소가 지금은 농민의 손을 떠나 업자들이 돈을 벌 목적으로 사육하고 있으니 당시 사람들의 정서로는 상상을 불허할 사건이다.

  가을이면 산열매 따고 겨울에는 칡뿌리도 캐고 땔감 나무도 하는 환경에서 자랐다. 이처럼 지리적 경제적으로 또 여러 여건상 악조건에 처하였던 필자가 부모님과 국가의 은덕을 입어 40여 년간 교직에 몸을 담았다가 2000년 8월 62세로 정년퇴임하고 어린 시절 정들었던 산촌이 좋아 환향하였다.

  정다웠던 옛 동무들은 인연 따라 어디론가 뿔뿔이 흩어져 보이지 않고 고인이 된 자도 더러 있었다.

고인무부古人無復

신여낙목무윤색身如落木無潤色
심여산조한고독心如山鳥寒孤獨

청산수류장의구靑山水流將依舊

고인무부화전산古人無復花田山

몸은 겨울나무처럼 윤기가 없고

마음은 산새처럼 고독하구나!

푸른 산 흐르는 물은 옛 그대로인데

화전산에 꽃 피어도 가신 님은 아니 오네!

고사명언구古事名言句에

"수욕정이풍부지樹欲靜而風不止요, 자욕양이친부대子欲養而親不待라." 하였다.

나무가 고요히 있고자 하나 바람이 그치지 아니하고 자식이 모시고자 하나 어버이가 계시지 아니 하더라. 살았을 적 부모님을 잘 섬기자는 옛 성현의 가르침인데 일찍이 익혔던 글귀이다.

아는 것을 아는 것에 머물지 말고 실제로 행하라며 천사불여일행千思不如一行이라고 옛 어른들은 가르쳤다.

이런저런 핑계만 대다가 육십을 훌쩍 넘겨 정신을 차려보니 양친도 피붙이도 보이지 않았으니 내가 나를 대하기가 부끄럽다.

  여든 살 중반을 넘어 노쇠해진 육신인데 설상가상으로 2021년 12월, 온몸의 신경이 죽어가 끝내는 사망에 이를 수 있는 길랭바레라는 희귀병에 걸려 죽음의 문턱까지 갔다가 경상대학교병원 의료진의 정성 어린 치료와 가족들의 지극한 보살핌에 힘입어 구사일생으로 살아나고 보니 굴곡지게 살아온 지나간 일들이 꿈결인 듯 희비가 교차하였다.

불안했던 시기
학창시절

 일제강점기 광복 전 1945년 3월, 십 리나 떨어진 금곡 소학교에 입학하였다.
 어린 우리는 일본말을 몰랐으니 학교에서도 우리말을 쓰지 않을 수 없었다.
 그러나 일본말을 쓰지 않는다고 일본인 선생님의 호된 매를 맞기도 하였으니 매를 피하려면 벙어리가 되어야 했다. 그해 8월 광복되었으니 일제 교육 6개월 동안 생생하게 남은 것은 매 맞은 기억뿐이다.

국민학교 5학년 때, 1950년 6월 25일 북한군 남침으로 전쟁이 발발하여 중학교 3학년 때인 1953년 7월 27일 휴전되었으니 3년 1개월 동안 동족끼리 유례없는 잔혹한 전쟁으로 사회질서는 극도로 문란하였으며 지구상에서 가장 가난한 국가로 전락하였으니 교육인들 제대로 받을 수 있었으랴!

남편의 전사통지서를 받고 애타게 울부짖는 젊은 여인의 모습에 이웃이 하나 되어 슬퍼하는 광경을 수시로 대할 수가 있었다. 1950년 여름 인민군이 우리 동네에도 들어와 가축을 잡아먹기도 하고 집집마다 차례로 밥을 요구하기도 하였으며 양민에게 반동이라는 죄목을 씌워 총살하는 참혹한 광경을 종종 보았다. 그때의 정경은 지금 생각해도 몸서리가 쳐질 정도로 끔찍하였다. 1950년 여름 한 철 국민학교 문을 닫았다가 북한군이 퇴각한 후 우리들은 학교로 돌아왔는데 전란 통에 죽은 아이들도 있었으며, 전답도 가옥도 폭탄을 맞아 폐허가 되어 부모 따라 어디론가 떠나버린 친구들도 있었다. 그런가 하면 먹고살기 위하여 어린 나이에 남의 집 머슴살이로 간 동무들도 있었다.

1951년 7월 두문국민학교 졸업식에서
(맨뒷줄 왼쪽 네 번째가 저자, 오른쪽 네 번째가 급장 서보인)

그런 까닭에 전쟁 전 우리 5학년이 60여 명이었는데 이듬해 7월 30명만이 국민학교를 졸업하였으며 중학교에 진학한 친구는 겨우 다섯 사람뿐이었다.

전쟁이 한창이었던 1951년 14살 어린 나이로 50리 떨어진 진주중학교로 유학을 갔다. 부모형제가 보고 싶고 외양간에 매여 있을 식구처럼 정들었던 우리 소가 무척 그리웠다. 태풍을 맞아 떨어진 풋감을 함께 주워 먹었던 동무들도 보고 싶었고 눈만 뜨면 올랐던 동네 산이 어른거렸으니 공부 따위는 별무상관別無相關이었다. 달력만 보며 토요일이면 집에 갈 생각만 하였으니 학년말 성적이 낙제 후보생이었다.

당시 진주시내에는 남자고등학교가 두 학교뿐이었는데 인문 실업에 별 의미를 두지 않고 친구들이 많이 가는 진주농림고등학교에 원서를 내었고 1954년 3월, 역사도 깊고 전통에 빛나는 진주농림고등학교에 입학하였다. 나보다 14살 연장이신 큰형님이 입학 절차도 밟아주고 집 생각 하지 말고 공부에만 마음 쓰라며 등을 두들겨 주고 떠나가는 뒷모습을 보고 눈물을 흘렸다.

시골 학생 대부분은 쌀과 돈을 주고 하숙할 형편이 아니어서 몇몇이 방을 얻어 자취를 하다 보니 희비의 일화도 더러 있었다. 자취생들은 너나없이 반찬은 간장, 된장, 장아찌 정도로 초라하였으며 채소가 먹고 싶었으나 지금처럼 흔치 아니하였다. 고등학교 3학년 때 두 살 아래인 4촌 동생 최무림과 같이 자취를 하였는데 주인집 김칫독이 유혹하기 좋은 위치에 있었다. 며칠 군침을 삼키다가 눈 질끈 감고 김치 한 포기를 훔쳤다가 주인에게 호되게 당했던 씁쓸한 추억이 있다. 그래도 풋풋한 젊음의 그 시절이 그립다.

진주에서 시골 집 동네까지 가는 버스가 하루 서너 번뿐이었으니 토요일 오후면 친구들 몇몇이 차비도 아낄 겸 50리 길을 걸어서 갔다. 아낀 차비로 사탕 몇 개를 사서 어머니 입에 넣어드리기도 하였던, 아! 그때 그 시절이 간절히 그립다. 일요일 오후 쌀 몇 되와 장작 몇 개비를 멜빵으로 메고 집을 나설 때는 외양간에 눈길이 가곤 하였다.

여름 겨울 방학 때에는 소도 돌보고 농사일도 거들었다. 1953년 7월, 마침내 지긋지긋한 6·25전쟁은 휴전이

고3 시절의 저자, 1956년 봄 진농 목장에서

되었다. 그러나 먼 곳에서는 아직도 포성이 간간이 들려와 불안이 감돌았다. 그래도 무심히 세월은 흘러서 1957년 2월 고등학교를 졸업하였다. 친구들은 공무원으로 또는 군인으로 자영업 농촌으로 대학 진학 등 뿔뿔이 인연 따라 흩어져 갔다.

  나는 국민학교 때부터 교사의 길로 가고 싶은 계기가 된 사건이 있었다. 6·25전쟁이 나기 1년 전, 내가 4학년 때인 것으로 기억된다. 방과 후 늦은 시간, 선생님도 친구들도 다 집으로 돌아가고 아무도 없는 고요한 학교, 새로 부임해 오신 여 선생님 한 분이 교무실에서 나지막하게 노래를 부르며 풍금을 치고 있었다.
  해 질 무렵, 불그스름한 구름이 하늘을 덮고 있었으며 성악과 기악의 조화된 리듬은 산골 소년인 나의 마음을 사로잡아 발걸음을 뗄 수가 없었다.
  너무도 아름답고 감동적인 음악에 빠져들었다. 당시 그 선생님께서 부르던 노래가 가곡인지 대중가요인지는 지금도 모르지만 그때 익혔던 4분의 4박자의 그 노래를 70여 년이 지난 지금도 간혹 흥얼거리고 있다.

사하라이 빈 벌판에 해가 저물면
저 멀리 빤짝이는 외로운 불빛
야자나무 가지 끝에 바람 불어서
아름답게 물들어서 떠나는 구름.

 당시 내 생각에는 학교가 아닌 곳에는 풍금이 없는 줄 알았으며 선생님이 아니고는 저런 낭만을 즐길 수 없다고 생각했다. 나도 자라서 시골 학교의 선생님이 되리라. 그래서 저처럼 아름다운 경지를 한껏 즐기고 싶었다.

 돌아보면 참으로 단순하고도 소박한, 천진한 꿈이었다. 선생님이 되기 위해서는 대학에 진학해야만 했다.

 그러나 살림살이 형편을 훤히 알면서 4년제 대학을 가겠다고 우길 수가 없었다. 학업 성적에 맞추어 경상대학교 전신이었던 진주농과대학 부설 중등교원양성소 2년제 초급대학에 진학하였다. 단과 40명 중 여학생이 10명이었다.

 2년 동안 같이 지내면서 여학생들의 면면이 눈에 들어왔다. 그중에서 한 여학생에게 호감이 갔다. 별 말이 없고 언제나 뒷자리에 조용히 앉아 있는 여학생이었다.

  그러나 그녀에게 좋다는 말도, 편지 한 장도 전하지 못하고 마음속에만 담아둔 채 1959년 2월 졸업과 동시에 헤어졌다. 부끄럼 많고 용기도 없었던 그 시절 영상이 어제인 듯 스친다.

입산할 인연이
아니었던지

초급대학을 졸업한 우리는 중학교 교원자격을 가지고 있으면서도 대부분 국민학교 교사로 발령받았다. 그나마 학업성적 상위 몇몇 친구들은 일찍 발령을 받았으나 그 외 대다수의 친구들은 언제 발령이 날지 알 수 없었다.

그러나 나는 발령에 별 관심이 없었다. 대여섯 살 무렵부터 4월 초파일이면 어머님 치맛자락을 잡고 십 리 길 암자에 따라다녔던 그 인연이 종자가 되어 차츰 세월이 흘러가면서 불교와 관련 있는 책도 읽고 스님들 법문도 듣고 여름 겨울방학 때는 며칠간 절에 머무는 때도 있었다. 그러다 보니 나도 모르는 사이에 절에 정이 들었다. 어디든 사찰에 들어서면 내 집에 온 듯 마음이 편안하였다. 언제든 인연이 닿아서 스님이 되면 더욱 좋고 그렇지 못하면 산감이든 부목이든 절에서 살고 싶은 마음이 은근히 내 속 깊은 곳에 자리 잡고 있었다.

그때 시골에서 돈과 바꿀 수 있는 것은 쌀과 보리쌀뿐이었다. 가족들 아무도 모르게 어머니를 졸라 쌀 한 말을 얻어 등산화도 한 켤레 사고, 어디든 걸을 수 있는 복장을 갖추었다. 어머니에게 며칠 걸릴 터이니 찾지 말라고 당부하고 가벼운 마음으로 집을 떠났다.

입산출가할 심산이었다. 지금 생각해보니 이는 발심이 아니라 산란한 마음을 다스리지 못한 주체성이 결여된 한 청년의 방황이었던 것 같다. 학자들은 국가든 개인이든 가설은 성립되지 않는다고 하지만 만약 그때 올바른 발심을 하였더라면 지금쯤은 내가 어떤 지경에 처해 있을지…….

1910년 나라를 빼앗은 일제가 우리의 혼을 말살시키

기 위하여 얼빠진 일부 스님들을 대처승(결혼하여 처자를 거느리고 사는 중)으로 만들었다.

해방 후 청담스님께서 앞장서 대처승들을 사찰에서 쫓아내고 불교를 정화하였으나 그때까지도 일부 대처승이 절을 차지하고 있었다.

우리 집에서 이십 리쯤 떨어져 있는 모 사찰에 들러 무엇이든 시키는 대로 할 터이니 머물고 싶다고 하였더니 주지스님 대답이 3개월간 하숙비를 내고 절간 일을 도와주면 그때 판단하여 쫓아내든 절에 머물게 하든 하겠다고 했다. 불손하고 이치에 어긋난 그 말을 듣는 순간 혹시 이자도 대처승이 아닌가 하는 생각이 들었다.

"여보시오 스님!"

"발심하여 중이 되겠다고 찾아온 사람에게 하숙비를 요구한다면 이는 절이 아니니 「여인숙」 간판을 붙이시오."

한 마디 쏴붙이고는 그길로 고성 청량산 문수암으로 갔다.

당시 문수암에는 청담 큰스님이 주석하고 계셨으나 불교정화, 종단업무 등으로 출타가 잦아서 친견하기가 어려웠다. 그날도 청담스님은 친견하지 못하였으며 내

또래로 보이는 한 젊은 스님과 대화를 나누었다. 마침 점심공양 시간이라 국수 한 그릇을 맛있게 얻어먹었다.

그리고는 스님이 되고 싶다는 나의 뜻을 말씀드렸더니 대뜸 스님 말씀이 "질량불변의 법칙을 아느냐?"고 물었다. 당시는 학교도 드물었으며 학력이 낮은 스님들이 많았는데 답하기 어려운 스님의 물음에 나는 약간 당황하였다.

그러나 마음을 가다듬으니 언제인가 과학시간에 들었던 것 같은 희미한 기억이 떠올랐다.

"여기 나무 한 조각이 불에 타 없어졌다면 당장 눈앞에서 보기는 없어진 것 같아도 우주 허공이라는 큰 그릇에서 볼 때는 에너지로 남아 있으니 질량에는 가감이 없다는 이론인 것 같다."고 대충 대답하였더니 스님 말씀이 "보아하니 학교 공부도 제법 한 것 같은데 병역을 기피하기 위해서냐 아니면 실연으로 세상이 싫어서 중이 되려 하느냐"고 물었다. 이는 내가 스님에게 되려 묻고 싶은 물음이었다.

전쟁 직후 사회 질서는 문란하고 혼탁하였으며 먹고 살기가 힘들었다. 불심이 짙어서 출가하는 스님들도 있었지만 처지도 불우하고 사회생활에 적응하지 못하여 머리를 깎는 사람도 더러 있었기 때문이다.

처음에는 나를 좋게 평가하지 않는 눈치였지만 깊은 산사까지 찾아온 열정을 인정하였던지 조언해 주었다. 보통 사람들은 해 뜨면 산으로 오르고 해 지면 하산하지만 스님들은 이와는 정반대되는 생활을 하니 중 생활이 쉬운 일이 아니라면서 스님 될 마음을 포기하라고 했다.

그래도 꼭 머리를 깎고 싶으면 해인사 같은 큰 절에 가서 행자 생활도 거치고 정식 절차를 밟으라는 안내말씀도 해주셨다. 초면이었지만 대화할수록 믿음도 있고 정감이 갔다. 질량불변에 대하여 더 묻고 싶은 충동이 있었으나 정답에 혼선이 있을 것 같아서 참았다. 스님도 나와 같은 생각이었던지 더 말하지 않았다.

다음 날 젊은 스님과 작별하고 문수암을 떠나 해인사로 출발했다. 사흘을 걸어서 늦은 시간 해인사에 도착하였으나 절간 문은 닫혀 있었으며 스님들 방에는 불이 꺼져 있어 온 천지가 캄캄하였다. 하룻밤 머물 곳이 궁하였다. 밤이슬을 피하기 위하여 일주문 추녀 밑에 몸을 웅크리고 누웠다. 여름철이지만 깊은 산중이라 한기도 들고 배도 고프고 앞날이 막막하였다. 만 가지 사념이 교차하면서 잠이 쉽게 들지 아니하였다.

얼마의 시간이 흘렀을까, 간신히 잠이 든 듯 만 듯했을 때 내 얼굴에 누군가가 플래시를 비추면서 나를 깨웠다. 울컥 화가 났으나 절간 문 앞이라 참았다. 순찰 경찰이라면서 신분증을 요구하기에 자초지종을 말하였더니 여기서 이러지 말고 아랫마을에 여관이 있으니 그리로 가라고 했다. 친절한 안내는 고마웠지만 그분이 내 주머니 사정을 어찌 알 수 있었으랴!

이튿날 종무소에서 상담하는 스님을 만났다. 절에 살고 싶다는 나의 뜻을 말씀 드렸더니 구체적으로 무엇을 묻지도 않으시고 객사에 머물면서 며칠간 마음을 다시 정리해 보라고 하셨다. 법명도 소임도 몰랐지만 자상하신 스님이었다.

조석예불 참여도 하고 산에도 오르고 도서관에 소장된 불서도 읽고 공양시간은 더욱 즐거웠다. 내가 살 곳을 제대로 찾아온 것 같았다. 만약 이 길로 승복을 입게 된다면 궂은일 마다 않고 앞장서겠노라, 불경도 탐독하고 게으름 없이 수행하여 대 자유를 얻으리라 다짐하니 앞산도 당기면 끌려올 것 같은 힘이 솟아남을 느꼈다.

　날 가는 줄 모르고 일주일쯤 지난 어느 날, 어머님의 귀띔이 있었던지 큰형님이 나를 찾아왔다. "너를 중 되라고 대학까지 보낸 줄 아느냐."면서 호되게 나무라셨다. 마음 한구석을 뜨끔하게 하는 질책이었다.
　그 시절에는 진학할 학교도 드물었으며 경제사정도 여의치 못하여 대학은 물론 중고등학교에 진학하는 학생도 극소수였다. 청운의 뜻을 한껏 펼치기를 기대하였기에 온 식구가 매달려 학비를 조달하였는데 절간 구석에 묻혀 있었으니 오죽이나 마음이 상하였으랴!
　나는 형님의 꾸중을 달게 받아들였다. 방황 아닌 강한 발심의 동기가 언젠가는 찾아올 것을 기대하면서 하산하였다.

어린 천사들과
짧은 만남

 오륙십 년 전까지도 우리 사회는 아주 고전적이었지만 짧은 기간에 문물제도와 정치, 사회 등 생활 전반이 급속으로 변하였다. 어제까지도 어두컴컴한 등잔불을 켰던 농어촌에는 1970년대 초 전기가 들어와 천지가 개벽 된 것 같은 느낌이었으며 공용으로 쓰는 전화도 한 마을에 한두 대 설치되었다.

 그런 속에서도 한편으로는 옛 도덕을 지키려는 사상은 뚜렷이 남아 있었다. 오륜 덕목의 하나인 어른을 공경하라는 장유유서長幼有序 사상도 퇴색하지 아니하였으니 어느 가정, 어느 사회이건 윗사람의 말씀은 거역하지 않았다.

한학자이신 부친께서는 나의 가출이 불효를 저지른 용서 못 할 짓이라면서 사랑방에서 근신하라는 엄명을 내리셨다. 나는 부모님 마음을 알고 있었기에 가출사건에 대하여 반항도 변명도 하지 않고 골방에 며칠을 머무르고 있었는데 뜻밖에 1959년 7월 1일자로 "합천군 덕곡국민학교 확남분교장 근무를 명한다"는 경상남도지사의 발령통지서를 받았다. 당시는 교육위원회가 도지사 산하에 있었다.

경제도 사회도 불안정하였으며 취직하기가 하늘의 별 따기보다 어려웠던 자유당 말기였다. 손가방에 옷 몇 가지를 넣고 어른들에게 하직인사를 하고 집을 떠날 때 발걸음도 가벼웠으며 무엇이나 해낼 것 같은 용기도, 희망도 넘쳤다. 완행버스를 세 번이나 갈아타고 창녕에서 나룻배로 낙동강 지류를 건너 하루 종일 걸려서 산골 분교 임지에 도착하였다.

분교 아동들은 4학년이 되면 덕곡본교로 이동하고 분

교에는 선생님 세 분과 1·2·3학년 60명이 전 식구였다. 나는 1학년 20명을 맡게 되었는데 직전 담임 선생님이 군에 입대하였다고 한다. 처음 2~3일은 아이들도 나도 좀 어색했지만 이내 정이 들었다.

마음대로 백지에 그림을 그리듯 내가 무슨 말을 하여도 아이들은 목에 힘을 주고 예! 예! 하면서 잘 따라주었으며 참으로 천진무구하였다. 교육계는 물론, 인생 초년생인 내가 무엇을 안다고….

지금 돌이켜보니 참으로 낯 뜨거운 일이었다. 산골생활이 몸에 배인 나는 분교에서 근무하기가 면소재지 학교보다 더 편하고 좋았다.

많은 비가 내려서 도랑물이 불어나면 아동들이 등교 못 하는 마을도 몇 군데 있었으며 소나기로 작은 냇물이 불어나도 하굣길 아이들을 업어 건네주는 때도 더러 있었다.

오순도순 모여서 정답게 살아가는 산골 사람들! 조상 제사나 집안에 작은 일만 있어도 선생님들을 초대하였다, 연세가 훨씬 많은 어른들로부터 깍듯이 선생님 대우를 받을 때는 어색하고 면구스러웠다.

평생을 산 밑에서 살았기에 산을 닮아서 심성이 산처럼 곧고 고운 학부모님들! 그런 어른들 밑에서 자란 아이들이니 찡그려도 울어도 예쁘고 귀여웠다.

부임하고 3주 뒤 여름방학을 맞게 되었다. 수많은 고추잠자리가 허공을 비행하는 교문 앞에서 꼬마들이 두 발을 가지런히 모으고 손을 곧게 펴고 굽실 허리를 굽히고 "선생님 안녕히 계십시오."하고 인사를 할 때 나는 왈칵 눈물이 쏟아졌다. 어느새 이처럼 깊이 정이 들었단 말인가.

방학하는 날

꾸벅 절하고 돌아서는 아이들도
머리를 쓰다듬어 주는 선생님도
눈물이 글썽인다.

멀리 산등성이로
사라져가는 꼬마들
애들아 잘 가거라!

선생님 안녕!

산울림 메아리
긴 여운!

 첫 달 월급을 받아보니 과분한 금액이었다. 고향 집에서 며칠 쉬니 꼬마들이 눈에 어른거렸다. 교직이 적성에 맞아서인지 꼬마들과 짝사랑을 하는 것인지 알 수가 없었다. 방학생활도 도울 겸 아이들 곁으로 가리라.
 그러던 어느 날 갑자기 군에 입대하라는 입영통지서를 받게 되었다. 예측할 수 없이 흔들렸던 나의 걸음걸이처럼 1학년 꼬마님들 담임 선생님도 변동이 잦으니 녀석들이 잘 적응할 수 있을까!
 짧은 기간이나마 진한 정을 주었던 첫 부임지 합천군 덕곡면 확남분교장 산골, 어린천사님들의 앞날에 좋은 일만 있기를 기원하며 나는 1959년 8월 28일 논산훈련소 육군에 입대하였다.

최전방
군부대 복무

 1959년 당시 군 의무복무기간은 3년이었으나 대학생 신분으로 입대한 병사는 18개월, 초중등학교 교사는 12개월만 복무하는 00군번 제도가 있었다.
 신체, 정신 양쪽 다 선천적으로 순발력이 느린 나는 군대생활이 아주 힘들고 괴로웠다. 논산 훈련장 곳곳에, 내가 그토록 좋아하던 코스모스가 초가을의 정취를 담뿍 담은 채 지천으로 깔려 있었다.
 어느 날 장거리 행군훈련 중, 10분간 휴식시간 때, 나는 피곤과 코스모스의 진한 향기에 취하여 꽃밭에서 잠깐 잠이 들어 대열에서 이탈하는 실수를 범하였다. 그 죗값으로 엉덩이에 피가 고이도록 몽둥이를 맞은 악몽이 되살아나 지금도 코스모스는 달갑잖은 꽃으로 기억된다.

훈련병에게 매일 건빵 20개와 화랑담배 10개비가 배정되었는데 중간에 누구에게 도둑을 맞고 15개와 8개비만 지급되었으나 불평하는 병사는 아무도 없었다. 권리와 인권 따위는 훈련병의 몫이 아닌 것으로 각인되었던 것 같다.

논산훈련소 전반기 교육을 마치고 후방 부대로 배치받은 친구들도 더러 있었으나 나는 단기복무 병사였기에 연무대에서 후반기 교육을 4주 더 받고 최전방 사단에 배치되었다. 연대를 거쳐 모 대대 본부 중대에서 복무하였는데 어느 날 소속 연대에 문서를 전달하고 늦게 귀대하였더니 취사장 문이 닫혀 있었다. 더 이상 추울 수 없다고 느낄 정도의 맹추위와 배고픔은 용기도 불평도 없는 나를 극도로 자극하였다. 취사 담당 하사관을 찾아가 밥을 굶기는 부당함을 강하게 항의하였더니 "너에게도 그런 용기가 있었더냐면서 마음껏 밥을 지어 먹으라"며 곡간 열쇠를 던져주었다.

그 무렵 병사들은 급식 사정이 좋지 않아서 늘 허기진 상태였다. 마음대로 먹으라고 풀어준 관용에 감사드리며 얼마나 많은 밥을 지어 먹었던지 식상하여 토하였던 서글픈 사연도 있었다.

민첩성이 결여되었기에 항상 벌 받고 반성문 쓰고 고문관 취급 받고……. 탈영하고 싶은 충동도 한두 번 있었으나 다행히도 잘 참고 견뎠다.

산비탈 막사 주변에 날림으로 돼지우리를 짓고 대대장님이 열 마리 남짓한 돼지를 사육하고 있었다. 진주농림고등학교 축산과 졸업 학력을 가진 나를 발견한 돼지 주인은 「돼지 사육병」으로 병과에도 없는 임무를 주었다. 훈련도 점호도 다 면제해주고 돈사에서 돼지와 같이 기숙하면서 오로지 돼지만 잘 기르라는 명을 내렸다.

그때부터 나는 이름도, 성도, 계급도 없는 열외 병사였다. 부대 내에서는 「돼지아범」으로 통용되었다.

짐승은 인간과 달라서 자기를 해치지 아니하는 존재

에게 먼저 시비를 걸지 않는 습성을 알고 있었기에 안심하고 돼지우리에서 그들과 함께 깊은 잠에 빠질 수 있었으며 최전방 맹추위를 돼지 체온의 보호를 받으면서 겨울 한 철을 잘 지낼 수 있었다.

언제 봄이 올지 길고도 멀었던 최전방 동토! 세월의 순리는 거역할 수 없었던지 녹아 흐르는 물소리가 들리고 남촌에서 훈풍이 불어왔다. 돈사에도 경사가 났으니 모돈母豚 몇 마리가 스무 마리가 넘는 새끼를 낳았다. 탯줄을 끊어주고 보를 제거하고 순서 따라 첫 젖을 물려주고는 돼지콜레라 예방 접종도 하였다.

갑자기 불어난 새끼 돼지를 보며 대장님은 귀밑까지 입이 찢어지게 기뻐하면서 나에게 "돼지아범 수고했다."며 치하하였다. 그리고는 언제쯤 젖을 떼고 시중에 팔면 되겠느냐고 물었다.

이제 막 탯줄 끊은 새끼인데!

글쎄!

그대의 의리는 돼지 근처에도 갈 수 없겠구려!

짐승에게 주는 정이라고는 반 푼어치도 없는 그대의 귀에 어찌 나의 독백이 들릴 수 있었으랴!

돼지님 은덕을 한껏 입고 여름 한 철도 잘 지내었다.

내가 살아오면서 가장 심한 괴로움을 겪었던 군대생활 1년! 지나고 보니 「괴로움과 즐거움은 공존한다.」는 연기의 진리를 어렴풋이나마 터득하였으니 어찌 값진 보물이 아니랴!
산야에 코스모스가 한창 피어나던 1960년 8월 29일, 인연 따라 사는 것이 순리이거늘 오고 가는데 무슨 여한이나 애착이 남았으랴! 다만 은혜 입은 돈공豚公의 무사안일을 빌면서 궁예왕 옛터 철원을 떠났다.

후덕부인厚德婦人
삭녕최씨는 떠나시고

　조선 숙종 때 서포 김만중 선생은 그 어머님에 대한 지극한 효행으로 널리 알려진 분이다. 어머님 곁에 있고 싶어 결혼도 늦추고 마흔이 넘도록 출사도 하지 않았으며 연로하신 어머님을 위로하기 위하여 걸작 고대소설 구운몽을 지었다. 가슴에 큰 울림을 주는 효행이다.

　자기 어머님을 사랑하지 아니하는 자식이 어디에 있으랴마는 나도 내 어머님을 위해서라면 서포 선생처럼 모든 것을 다 던지고 싶은 마음이 항상 자리 잡고 있었다.

해마다 10월 3일부터 7일간 진주에서는 개천예술제가 열렸는데 이 행사에는 볼거리도 많았으며 전국에서 많은 예술가들이 모여들었기에 이 지역 사람들은 너나없이 마음을 들뜨게 하는 큰 축제였다.

1956년 고등학교 3학년 때 가을, 어머님에게 이 개천예술제 구경을 시켜드리기 위하여 극구 마다하시는 것을 떼를 써서 내 자취방으로 모시고 왔다. 낮에는 이곳저곳으로 모시고 다니면서 각설이도. 엿판도, 서커스도, 만물시장 등 두루 구경하면서 참 좋은 시간을 보내었다.

밤에는 집에서 쉬겠다는 것을 억지로 모시고 촉석루 주변 야외 가설무대에서 펼쳐지는 국악공연 구경을 왔다가 끝날 무렵에 어머님을 잃어버렸다. 많은 인파 속에서 어머니를 찾을 수 없었다. 몇몇 친구들이 이리 뛰고 저리 뛰었으나 헛일이었다.

첫길인데 제법 먼 거리에 있는 자취방을 어머니께서는 찾을 수도 없었겠지만 궁여지책으로 행여나 하고 달려가 보았으나 계시지 않았다.

길도 모르는 어머니를 밤에 잃어버렸으니 예사 낭패가 아니었다. 평소 돈을 모르는 분이었으니 수중에 돈이 있을 리도 만무하고……. 조급한 마음으로 나는 다시 가설무대까지 뛰어갔더니, 인적이 사라진 무대 앞에 본래 그 자리에 미동도 하지 않고 그대로 앉아 계셨다.
 "여 가만 있으모 니가 올 줄 알았다."
 말씨에 여유도 있었으며 성품이 산처럼 무거우신 여걸이시었다.

 제대 후 동네 사람들에게서 들은 소문인데 자식이 전방 부대에서 추위에 떨고 있다는 것을 생각하여 한겨울인데도 이불을 멀리하셨다고 한다. 그것이 화근이 되어 오랜 기간 감기에 시달렸으며 다시 폐렴으로 악화되어 그해 여름, 제대하여 내가 집에 돌아왔을 때는 숨쉬기가 괴로운 상태였다. 동네 한약방주가 침과 한약으로 다스렸으나 별무효과別無效果였다.
 숨결은 가쁘고 미음米飮으로 겨우 버티는 어머님을 돌볼 겨를도 없이 복직 서류를 제출하라는 통지를 받았다. 취직하기는 어렵고 이번에 놓치면 언제 다시 기회가 올지 모르는 상태였다. 서포 선생의 본을 받겠다던 단심은 퇴색되었다.

저자의 양친(1960년 선고 회갑 시)

"내 걱정일랑 하지 말고 어서 갔다 오니라."

어머니 목소리가 계속 환청으로 들리는 속에서 조급한 마음으로 사나흘 걸려 복직에 필요한 복잡한 서류와 절차를 모두 마치고 해 질 무렵 집으로 돌아왔다.

목에서 그렁그렁 가래가 끓었으며 감은 듯 뜬 눈에는 힘이 빠져 있었다. 나는 가슴이 철렁 내려앉는 듯했다. 어머님의 손을 꼭 잡았다. 어머니도 내 손을 꼭 잡으셨다.

어머님은 1901년(신축) 사천 풍정, 삭녕최씨 가문에서 탄생하시어 열아홉 꽃봉오리 나이에 죽곡 촌 전주최씨 문중, 어중간한 한 선비와 인연이 닿아 여섯 남매를 낳아 곱게 기르셨다.

성품이 얼마나 어지셨던지 나는 어머니의 화낸 모습을 한 번도 본 기억이 없다. 일어나는 화를 참는 것인지 화 자체가 원래 일어나지 않는 것인지 속물인 내가 어찌 알 수 있었으랴!

1960년 경자년庚子年 예순 살 되는 해 가을, 이생과 인연을 끊으셨다. 업에 따른 과보가 분명 있거늘 어머님의 식은 좋은 곳으로 흘러갔으리라 믿으면서 화전산 양지

바른 곳에 유택을 모셨다.

별채 빈소에 어머니의 혼백을 모셔두고 생시처럼 조석공양을 올렸다. 낮에는 일상생활을 했지만 밤이면 묘소 곁, 천막에 머무는 것이 편안하였다. 이렇게 시묘侍墓한 지 석 달쯤 지났을 때 복직통지서를 받았다.

글꾼도 못 되고 농군도 아닌, 그러기에 괴팍함과 가난을 면치 못한 부군을 만나 좋은 세상 보지 못하시고 자녀 양육에 평생을 희생하신 어머니!

내가 취직만 되면 당신의 의사와는 관계없이 편하게 모시리라 깊이깊이 다짐했건만 가실 길이 그토록 급하셨나요. 박복한 여인님이시여!

    춘래추거년광사春來秋去年光謝

    낙화유수부증회落花流水不曾廻

    인간만리개여차人間萬理皆如此

    하필공산곡진애何必空山哭盡哀

봄 가고 가을 오듯 또 한 해가 저무는데.
진 꽃잎 흘러간 물 돌아올 줄 모르네.

인간 세상 온갖 이치 모두 이와 같은데.
굳이 빈산에서 곡하며 슬퍼하랴!

 어머님 타계에 크게 괴로워하는 나에게 선고께서 이 글을 주면서 "네 것이 될 때까지 읽고 쓰고 외우라."고 하셨다.
 글의 출처는 여러 해가 지난 뒤에 알았으며 「안 그런 척하면서도 은근히 자식을 배려하는 선고의 사랑」에 감읍하였다.

*한시 출처: 효종의 제씨 인평대군이 그 부인을 잃고 슬퍼하였으니 이를 위로하기 위하여 효종이 직접 하사하신 글이다.

권불십년權不十年

고서에 "권불십년權不十年이요, 화무십일홍花無十日紅이라." 하였으니, 권세도 꽃도 오래가지 못한다는 뜻이다. 어찌 화사한 꽃과 영화를 누리는 권세뿐이랴! "세상 모든 현상계는 무상의 굴레에서 벗어날 수 없다"는 진리를 가르친 글귀이다.

1945년 광복 후 우리 정세는 변화무상하였으니 필자가 20대 젊었던 시절, 무소불위의 권좌에 있었던 분들이 하루아침에 추풍낙엽처럼 추락하는 것을 보고 정치 무상을 크게 느낀 바가 있었기에 당시 상황을 한 번 더듬

어본다.

 1945년~1948년 미군정시대를 거쳤다. 국민학교 1~2학년 시절, 신탁통치信託統治의 뜻도 모르면서 "신탁통치는 절대반대다."라고 외치면서 긴 깃발을 든 어른들 뒤를 고무신짝 양손에 쥐고 따라다니기도 하였다. 어쩌다가 운 좋은 날은 군용 지프차 위에서 미군이 던져주는 껌과 과자를 친구들과 다투어 주웠던 희미한 기억이 민망스럽다.
 1960년 3월 15일, 이승만 대통령 정권 연장을 위하여 이기붕 부통령 부정선거에 항거하여 그해 4·19의거가 일어났으며 국부國父로 추앙받았던 이승만 대통령은 12년 집권을 종식하고 하와이로 망명하였다.
 당시 사회질서가 얼마나 문란하였던지 어느 세도가의 가짜 귀공자 행세를 하던 난봉꾼의 협박에 지방관리가 혼비백산魂飛魄散하는 일도 있었다.
 그해 8월 내각책임제로 개헌, 장면 정권이 들어섰으나 무능하여 1년도 지키지 못하였으며 1961년 5·16 정변으로 박정희 등 군인이 정권을 탈취한다. 당시 경상남도

지사는 항상 지휘봉을 손에 들고 위엄을 부렸던 육군 소장 모씨였다. 군사정권의 첫 번째 목표는 「기아에서 허덕이는 민생고를 해결한다」는 것이었다.

농민에게는 단위면적당 생산량을 늘리기 위하여 통일벼 재배와 논두렁에 콩 심기를 적극 권장하였으며 보릿고개도 이 시기에 해결되었다.

물러설 때가 되었는데도 계속 고집을 부리다가 18년 정권의 주인공 박정희 대통령은 그 부하의 총탄에 맞아 죽는 비운을 당한다.

대통령 부재로 국가 혼란기를 틈타 전두환 노태우 등이 1979년 12.12 반란을 일으켜 집권하였으나 종래에는 깊은 산사山寺로 쫓겨 가기도 하고 수갑을 차는 비운도 맞는다.

동서고금을 막론하고 위정자 중에는 성군 명군聖君明君도, 혼군 폭군昏君暴君도 있었다.

세종대왕은 훈민정음 서문에서 「나랏 말쌈이 중국에 다라 백성들이 제 뜻을 쉽게 펴지 못하기에 한문보다 익히기가 쉬운 훈민정음을 창제, 반포하니 사람마다 쉽게

배워 제 뜻을 펴라」하였으니 조선 왕조에서 세종대왕만한 성군은 없을 것이다.

연산왕은 생모 윤 씨 폐비사건에 연루되었다는 이유로 조모 인수대비에게 큰 패악을 저지르고 선대왕의 비빈을 참살하였으며 사화를 일으켜 사림士林을 죽이고 귀양 보내었으니 유례없는 대 폭군이었다. 연산군이 강화도로 쫓겨 갈 때 농군들이 논두렁에서 겨로 찐 개떡을 먹는 것을 보고 호송하던 관리에게 "저자들이 쌀밥을 먹지 않고 왜 개떡을 먹느냐?"고 물었다고 하니 이보다 더한 암군暗君도 없을 것이다.

선조는 간신들의 농간에 휘말려 아무런 대비 없이 1592년 임진왜란을 당하여 왕궁도 버리고 쫓겨 다녔으며 전세가 위급한데도 눈이 어두워 만고충신 이순신을 벌하였으니 혼군 중의 혼군이었다.

근세 위정자 중에도 쫓겨나고 총탄에 맞아 죽고 감옥에 간 혼군 폭군도 있었으며 무난하게 임기를 마친 어른도 있었다.

시류에 힘입어 야당이 여당으로 바뀌어 과거 잘못을 밝히기 위한 청문 과정에서 정치 무상을 느낀다며 호통을 치는 장면도 간혹 본다. 무상의 참뜻을 아는 사람의 목소리는 아닌 것 같아 쓸쓸하다.

고려 말 정몽주의 문하생 야은冶隱 길재吉再 선생에게 조선조 태종은 태상박사太常博士의 자리를 주었으나 거절하고 고려 왕조와 인걸의 무상함을 안타까워하는 시조 한 수를 남긴다.

> 五百年 都邑地를 匹馬로 도라드니
> 山川은 依舊하되 人傑은 간듸 업다
> 어즈버 太平年月이 꿈이런가 하노라.

길게 드리워진 내 그림자를 보니 "화무십일홍이요, 달도 차면 기우나니〔花無十日紅 滿月必昃〕"라는 노래 가사가 내 것인 양 정답다.

준비도 계획도 없이
혼사를 치르고

다양했던 혼인의 변천사를 현재(2020년대) 이 땅에 살고 있는 노인세대는 직접 겪었다.

60년쯤 전, 현재 여든 살 중반인 우리 세대가 결혼할 때도 대부분 혼인 당사자끼리는 얼굴도 성품도 모르는 상태에서 매파의 구술에 의존하여 혼사가 이루어졌지만 별 탈 없이 잘 살았다. 한 번 결혼하면 여자는 일편단심이었으며 남자 또한 본부인을 버리는 일은 거의 없었다.

구식 결혼은 대개 신랑이 신부 댁에 가서 결혼식을 올렸는데 그 절차는 마당에 차일을 치고 홀관의 창홀에 따라 진행된다.

첫 번째 절차가 "장인이 대문 밖에 나가서 사위를 맞이하시오."(주인 영서우 문외主人 迎婿于門外)로 시작하여 전안도 드리고 신부가 신랑에게 4배를 올리면 신랑은 2배로 답하였다. 임금님의 은혜에 감사드리는 북향재배도 하였다. 옛 결혼식 마지막 절차는 "식을 다 마쳤으니 각자 자기 처소로 가시오."(백예필 각기처소白禮畢各其處所)를 끝으로 무게도 있고 긴 시간 진행되었다.

조선 말엽 1894년 서양의 문물제도를 받아들이는 갑오경장 이후 혼인 방식이 크게 바뀌어 신식 결혼식이 등장한다.

주례 선생님의 지시에 따라 서로가 변치 않고 사랑하겠다는 맹약도 하고 혼인서약도 하고 신랑신부 맞절도 하면서 간소하게 치르는 결혼식을 신식 결혼식이라 하였는데 처음에는 긍정적인 사람보다 비판하는 소리가 더 크게 들렸다고 하니 사람들은 이 신식 결혼식을 쉽게 받아들이지 않았던 것 같다.

우리 세대까지도 구식 결혼식이 주류를 이루었으나 아쉽게도 옛 결혼식 단어마저도 사라졌으며 지금은 신

저자의 결혼식에서

식결혼식도 퇴색하고 주례 선생님도 없이 친구들 몇이 모여 음식도 먹으면서 손뼉치고 노래하고 업어주고 쓰다듬어주는 야릇한 결혼식이 등장하였으니 "생겨난 모든 것은 퇴색, 소멸하지 않는 것이 없다."는 말이 진리라는 것을 재삼 실감한다.

 나는 1961년 봄, 복직은 하였으나 얼마 전에 타계하신 어머님 생각이 너무도 간절하여 퇴근 후에는 술로써 마음을 달래는 때가 빈번하였으니 생활 자체가 헝클어져 있었다.
 일생의 중대사인 결혼도 이런 시기였던 1962년 12월, 스물다섯 살 때, 양쪽 사정을 잘 아는 지인의 중매로 갑자기 아무런 준비도 계획도 없이 신부 댁 마당에서 구식으로 치렀다.
 육십을 훌쩍 넘긴 후에 터득했지만 국적, 결혼, 수명, 직업 등 한 인간에게 부여된 중대한 사건은 인위적으로 결정되는 것이 아니고 전생의 업에 한 치의 어긋남 없이 인연 따라 이루어진다고 하였다.
 결혼 후 우리는 임지에서 살림을 차리지 않고 아내는

시부媤父님 시봉도 하고 가풍도 익히기 위하여 당분간 고향 집에 머물게 하였으니 먼 옛일도 아닌데 격세의 느낌이 확연하다.

 1964년 3월 합천군 봉산면 노파 산골에서 첫아이를 얻었다. 한밤중 아내는 배가 아프다며 괴로워했으나 산통인 줄은 모르고 적미병(부패한 보리에서 생긴 병)이 든 보리를 먹어서 생긴 식중독인 줄 알고 해독제만 잔뜩 복용하였으니 분만에 대한 지식이 어찌 그렇게도 없었을까!

 당시에는 인구 증가를 막기 위하여 산아제한을 정부에서 적극 권장하였으며 "아들 딸 구분 말고 둘만 낳아 잘 기르자."라고 외치다가 다시 "두 집 건너 하나만 낳자." 라고 구호가 바뀌었던 시절이었다. 지금은 출산장려정책으로 정부에서 많은 돈을 투자하고 있으니 급속으로 흐르는 세파世波가 오히려 두렵다.

 고서에 "지불생무명지초地不生無名之草요 천불생무록지인天不生無錄之人이라" 하였다. 땅은 이름 없는 풀을 낳지 않으며 하늘이 사람을 낼 때는 다 그가 할 일이 있기 때문이라는 뜻이다.

우리 내외는 산아제한과는 무관하게 서너 살 터울로 4남매를 낳았다. 가정생활의 고운 맛도 느끼면서 자식 양육에 관심을 두어야 할 삼사십 대, 인생의 황금기에 나는 술에 젖어 있었다. 퇴근시간쯤이면 술꾼 동료끼리 눈짓만 하면 어김없이 아무개 술집에 모여들었다. 마음이 언짢아서도 기분이 좋아서도 아니었다. 다만 술이 좋고 친구가 좋아서 모인 무리이니 거나하게 취하면 어깨동무도 하고 젓가락 장단에 맞추어 흘러간 옛 노래도 부르면서 늦은 밤을 모르는 때가 자주 있었다.

세월 가는 줄도 모르고 내내 춘삼월 호시절일 줄만 알았으니 재산 개념도 없었다.

아내도 자식도 방치하고 내 기분 내키는 대로 살았건만 별 탈 없이 지탱해 준 가족에게 새삼 미안함과 고마움을 느낀다.

맞이하는 사람 없지만
발길이 머무는 곳

 교직생활 41년 중 가장 서정적이었으며 흐뭇하고 행복했던 합천군 봉산면 노파魯坡국민학교에 근무했던 그 시절 그곳이 항상 그립다.
 용주국민학교에 근무할 때 결혼하고 1년 뒤 1964년 3월 노파국민학교로 발령을 받았다. 일부 복식수업을 하는 소규모 학교였으며 하루 한두 번 진주와 대구를 잇는 대중버스가 지나가는 첩첩산중에 위치하였기에 대부분 선생님들은 그곳에 근무하기를 꺼렸으나 나는 지원하여 그곳으로 갔다.

산골에서 나고 자라 산에 정이 들었기에 산골 학교가 좋았으며 도심지 사람들보다 대체로 산골 사람들은 유순하였으니 그런 곳의 주민들과 어울리고 싶었다. 용주에서 노파까지는 십 리 남짓한 거리지만 걸어서 태산준령을 넘어야 하는 고된 산길이다.

 신혼생활이니 가재도구도 아주 간단하였다. 짐꾼 한 사람이 잡다한 것을 묶어 지게에 지고 나는 책가방 하나를 둘러메었으며 아내도 옷 몇 가지를 싼 보따리를 머리에 이고 준령을 넘었으니 영화에서나 볼 것 같은 감성 짙은 풍경이었다.

 학교 소재지에는 30여 호의 의성김씨가 집단 거주하는 양반 마을이었다. 이분들 생활은 고색창연古色蒼然하였으며 상투를 틀고 두루마기 차림으로 한서漢書를 읽는 어른들이 많이 있었다. 주민들 대부분은 토담집에 살았다.

 우리가 얻은 한 칸 방도 소 외양간과 벽을 같이하였으니 소의 숨소리는 물론 미세한 움직임도 감지할 수 있었다. 나는 그것이 소음으로 느껴지지 않고 오히려 내가 살던 옛집에 온 듯 온화하였다.

 기능직을 포함하여 7명의 직원은 형제처럼 서로 돕고 아꼈으며 방과 후에는 한데 어울려 자주 막걸리를 마셨는데 적당히 마시기가 쉬운 일이던가, 술에 취하면 언행이 가지런할 수가 없다.

 그러나 양반마을 어른들은 술에 취해 흥청거리는 우리를 나무라지 아니하였으니 수준 높은 침묵의 훈계였던가 싶다. 이곳에는 허가 받은 술집은 없었으나 주객의 청을 거절하지 못하여 밀주를 빚어 헐값으로 주는 고마운 분이 있었다.

 때로는 젊은 학부형들과 어울려 기타를 두드리며 명절 뒤끝에 열리는 마을 노래자랑에 참여하기도 하였다. 노파마을 앞 맑은 강물에는 일 년 내내 물고기가 떼를 지어 놀고 있었다.

 그렇지만 마을에서는 함부로 고기를 잡지 않고 필요할 때 꼭 필요한 만큼만 잡는 여유도 보여주었다. 산골 아이들이기에 산처럼 무게도 있고 순박하였으며 선생님의 말씀이면 「절대」 그 자체로 받아들였으니 지금 생각하면 부끄럽고 미안할 일이다.

조식 남명 선생이 머물렀던 강 건너 서원마을에는 선생의 유적비도 있었다. 강물이 갑자기 불어나는 여름철에는 서원마을 아동들은 등교 못 하는 때도 자주 있었다.

1964~65년 근무하면서 5학년을 그대로 달고 올라가 졸업할 때까지 2년간 그 아이들을 담임하였으니 아동들과는 물론, 학부모님과도 듬뿍 정이 들었다. 아이들과 어울려 물고기도 잡고 지게 지고 땔감나무도 하고 일요일이면 도시락 준비하여 등산도 하고 산사도 찾고…….

깊은 정이 한껏 들었던 그 아이들이 학교를 떠날 때 나도 이삿짐을 꾸렸다. "드는 정은 몰라도 나는 정은 안다."는 옛말이 있듯 아이들도 나도 헤어지는 인사보다 눈물이 앞섰다.

1966년 2월 노파학교를 떠난 3년 뒤, 합천댐 조성으로 노파마을은 물속 깊이 잠겼으며 주민들도 뿔뿔이 흩어졌다. 몇 해 뒤 양반 촌에 살았던 주민들은 망향계를 결성하고 수몰된 노파마을 맞은편 산비탈에 망향탑을 세워두고 봄이면 해마다 탑 아래 모인다. 나는 그 모임에

참여할 자격은 없지만 수몰된 노파魯坡 옛터의 정취를 그리워함은 그들에 못하지 않은 것 같다.

  내 인생에서 가장 중한 글 쓰는 취미도 이곳 낭만에서 싹텄으니 어찌 잊을 수 있으랴!

  노파마을을 떠난 지 50년이 훌쩍 지난 지금도 마음이 울적할 때면 반기는 자 없지만 그 시절 그 정취가 그리워 간간이 수몰된 옛터를 찾는다.

퇴 직

1959년 7월 국민학교 교사로 첫 발령을 받아 1971년 3월 중등학교로 자리를 옮겨 2000년 8월 정년으로 40여 년간 근무했던 교직을 떠났다.

교원은 평교사로서 학생을 가르치다가 그 직을 마감하는 것이 보람이 있다고 하지만 승진에 뜻을 두는 사람도 많이 있다. 그러나 나는 젊은 시절, 옛 시인 묵객들의 흉내를 내느라고 자연과 낭만에 젖고 술을 즐기느라 승진에 관심 가질 겨를이 없었다.

오십을 넘긴 나이에 정신을 차려보니 다른 사람들보

다 한참 뒤져 있었다. 요즈음 공직자가 그때처럼 문란한 행동을 한다면 여론이 용납하지 않을 것으로 생각되니 굴러가도 역사는 발전하는 것 같다.

교감 승진을 하려면 주임교사도 거쳐야 하고 그에 합당한 까다로운 점수를 관리해야 하지만 대통령 표창만 받으면 쉽게 승진할 수 있는 지름길도 있었다. 그렇게 위력이 있는 대통령 표창을 관장하는 모 장관님이 성묫길에 인근 본가에 왔을 때 그를 대면할 수 있게, 지인의 주선을 받아 현장에 갔더니 장관님을 만나겠다는 사람들이 벌떼처럼 모여 있기에 미련 없이 돌아섰다.

오십을 훨씬 넘긴 나이에 교감을 거쳐 만년에 교장으로 승진하였다. 얼마 남지 않는 기간을 고향 제자들과 어울리고 싶어 금곡중학교로 찾아왔다.

이 학교는 50여 년 전, 1학년 3학급 210명과 교직원 10명을 경상남도 교육위원회로부터 배정받아 신설되었다. 당시는 중학교 1학급당 학생 수는 대부분 70명 정도였으나 과밀학급이라고 불평하는 교직원은 한 사람도 없었다.

그때 교장 선생님의 지시에 따라 국어교사이며 지방 실정을 잘 아는 내가 교가를 작사하였으며 음악교사 김

신길 선생님이 작곡하였는데 1절만 소개한다.

    태곳적 봉황 놀던 산맥을 끼고
    굽이굽이 감도는 영천강변에
    스물한 집 손 모아 전당 이루니
    그 이름 빛나리라 금곡중학교

여기서 스물한 집이란 금곡중학교의 학구가 21개 마을이었음을 의미한다.

중학교가 신설되었으니 학부모도 학생들도 신바람이 났으며 10여 명의 교직원들도 그에 박자를 맞추어, 눈 오는 날 개떼가 눈밭에서 구르듯 우리 사제(師弟) 간에는 격의 없이 함께 어울리며 열정과 믿음과 사랑으로 가득 차 있었다.

3년 뒤 고등학교 진학 성적도 우수하였으니 학부모님과 더불어 흐뭇함을 느꼈다. 그 인연으로 50여 년 긴 세월이 흐른 지금도 그때 그들과 교류가 이어지고 있다.

그런데 느지막한 나이에 학교장 신분으로 학생들 앞에 서니 나도 학생들도 30여 년 전 평교사 때 열정과 정감은 찾아볼 수 없었다. 교과서 들고 학생들과 직접 마주하는

저자의 정년퇴임식에서(2000년)

신분이 아니어서 그런가 싶으니 교육 일선에서는 관리자의 자리가 선망의 대상이 아니라는 것을 실감하였다.

이 무렵 교육공무원 정년이 65세에서 62세로 단축되었다. 우리가 퇴직하기 직전 해인 1999년까지는 정년이 65세였으며 이분들이 퇴직할 때는 떳떳하게 퇴임 행사를 하고 축복받으면서 교단을 떠났으나 단축 이후 퇴임하는 선생님들은 3년 단축에 사기도 떨어지고 불만도 겹쳐 도망치듯 뒷문으로 사라져갔다. 그러나 나는 그들의 생각과는 달랐다.

정년 단축은 시대의 흐름을 거스를 수 없는 일이니 긍정적으로 받아들이기로 했다. 3년이나 일찍 자유 몸이 되었으니 오히려 감사해야 할 것이라고 생각했다.

정년 단축에 불만이 있건 감사하건, 한평생 몸담았던 그 직을 마감하면서 인사도 나누고 행방도 밝히면서 떳떳하게 떠나는 것이 바른길이라고 생각되었다.

그러므로 2000년 8월 26일, 친지와 지인 학부모님을 초청하여 간소하게 다과도 즐기며 퇴임식을 가볍게 했다. 은은히 들리는 교가를 뒤로하고 축복받으면서 40여 년 걸어온 대장정의 긴 막을 내렸다.

퇴직 후
산인으로

 현직에 있을 때도 백두대간을 종주하고 싶었으나 여건이 여의치 못하였다. 백두대간은 백두산 병사봉에서 남으로 대마산, 금강산, 설악산, 속리산을 거쳐 지리산 천왕봉까지인데 우리가 갈 수 있는 구간은 강원도 고성 진부령에서 지리산 천왕봉까지 도상거리 640km이다. 백두대간 종주지도서에 29구간으로 나누어 산행을 소상하게 안내하고 있다.

 2000년 8월 퇴직하고 그해 가을 지리산 중산리에서 출발하여 천왕봉, 성삼재, 정령치, 여원재, 고남산, 중재, 영취산을 거쳐 육십령까지 4구간을 15일에 걸쳐 종주하였다. 사찰, 산간마을 교회, 산장, 야영, 민박 등을 두루 경험하였으며 남녀노소, 지체장애인, 스님, 개인, 단체 등 많은 사람들을 만나 대화도 나누고 식사도, 숙박도 같이할 때가 자주 있었다.

산에는 사람의 마음을 순화하는 촉매제가 있었던지, 부지초면不知初面인데도 십년지우十年知友처럼 다정하였으며 어색함이 없었다.

무리 지어 장님들이 지팡이를 더듬거리며 가파른 계단을 오르는 것을 볼 때, 두 눈도 다리도 성하면서 끙끙거리는 자신이 부끄러웠다. 책임자에게, 수고한다며 격려하였더니, 누군가가 해야 할 일을 할 뿐이라고 했다. 자기를 잊고 보시하는 보살상이었다. 조용한 한낮 깊은 산골에서 나룻이 긴 산인을 만났을 때는 더욱 반가웠다.

가파른 산길도, 조용한 들길도, 키를 재는 억새풀이 바람에 하늘거리는 비탈길도, 코스모스와 들국화가 무진장으로 피어 있는 평원도 경험하였는데 인생길처럼 고락도 희비도 교차하였다.

설악산 소청봉 1,570m 구간에서(2007년)

부처님께서는 우리가 사는 사바세계를 참고 견디면서 살아야만 하기에 감인세계堪忍世界라고 하였으니 산길이 침묵으로 인생길을 넌지시 일러주고 있었다.

산장에 늦게 도착할 때는 먼저 온 사람들이 박수로 맞아주었으며 밥맛도 잠맛도 꿀맛이었다. 긴 시간 오르면서 식수는 고갈되고 땀은 온몸을 적시고, 높은 산에서는 목마름이 가장 괴롭다. 그러다가 하산 길 숲속에서 옹달샘을 만났을 때는 여기서 이대로 며칠을 머무르고 싶기도 하였다.

큰 산을 타보면 첩첩이 쌓인 산을 실감 할 수가 있다.

하마나 하며 걸어도 올라도 산 위에 또 산이다. 그래서 옛사람들은 산길도 인생길도 다함이 없다고 가르쳤을까! 보름 동안 산에 살면서 나름대로 고락도 겪었으며 배운 것도 느낀 바도 많았으니 내 생애에서 가치 있었던 한때였다.

천왕봉 돌에 남명 선생이 지리산의 중중무진함을 찬한 글귀가 남아 있었으니 "만고천왕봉 천명유불명萬古天王峯 天鳴猶不鳴"이라 하였다. "만고 천왕봉은 하늘이 울어도 울지 않는다."고 하였으니 그 기상과 기개를 감히 견

줄 바가 없다.

14구간인 문경새재를 넘을 때에는 청 태조 누루하치 탄생 비화秘話가 사실처럼 느껴졌다. 이 새재鳥嶺는 골이 깊고 멀어서 서두르지 않으면 하루 일정으로는 넘을 수 없는 큰 재다.

병자호란 때 화친파였던 최명길(전주인)이 젊은 시절, 대과를 보기 위하여 한양으로 가던 중 문경새재 중턱쯤 지날 때, 예쁜 한 여인이 나타나 큰절을 올리며 길을 막았으나 청년 최명길은 놀라지 않았다. 요망한 여인 같으니라고 나무라며 "대체 네가 귀신이냐 사람이냐."고 물었다.

"대인님 저는 귀신입니다."

"다른 사람들은 저를 보지 못하였으나 대인님께서는 저를 상대해주시니 고맙습니다."라며 흘깃한 귀신 눈이 사람 눈과는 달리 보였다. 담력이 큰 청년 최선비도 소름이 끼쳤다.

"그래!"

"귀신은 귀신 갈 길이 있고 사람은 사람 갈 길이 확연

한데 너는 어찌하여 사람이 가는 길을 막느냐."고 호통을 쳤다.

　귀신은 말했다. 얼마 전 중국 땅에 앞으로 조선을 정복할 천자가 탄생하였으며 이를 축하하기 위하여 중국, 조선, 일본 등 삼국의 귀신들이 한데 모이는데 그 잔치에 입고 갈 옷이 없으니 그(귀신)가 인간 세상에 살았을 때 입었던 비단옷을 찾아 달라고 이렇게 나타났다고 했다.

　그 옷이 어디에 있는지 명길이 물었다.

　"이 재 너머 초시댁 며느님이 시중에서 자기가 입었던 비단옷을 사 갔다."고 했다.

　최명길은 초시댁에 가서 옷을 찾아 입고 가라며 동구 밖에서 불태워 주었다. 귀신은 비단옷을 입고 명길에게 큰절을 올리고 감사드리면서

　"훗날 대인님께서는 당상관으로서 국사를 돌볼 것입니다. 그때 청나라가 일으킨 난亂에 항거하면 더 큰 화를 입을 것이니 화친하는 것이 좋을 것입니다."라는 말을 남기고 북으로 사라져갔다.

　그래서였을까, 병자호란 때 척화파였던 김상현 등은

항복문서를 찢어버렸으나 화친파 최대감은 찢어진 문서를 주워서 다시 붙였다고 한다.

새소리 바람 소리 한 점 없이 잠잠하고 고요한 한낮, 내가 새재를 넘을 때 저만치 귀신이 나타날 것 같아서 소름이 일었다.

5구간부터는 산에서 숙박하지 않고 여유 있을 때 틈틈이 7년에 걸쳐 일흔 살까지 산을 찾았다.

드디어 마지막 29구간, 마등령을 출발하여 미시령을 지나 신선봉 부근에서 심마니 중노인 한 분을 만났다.

이 구간에는 등산하는 사람이 거의 없어 산길이 적적하였는데 산세를 잘 아는 채삼꾼을 만났으니 참으로 반가웠다. "반갑소!"하고 나는 덥석 손을 잡았다.

채삼꾼도 반가운 표정으로 내 손을 잡았다. 한참을 같이 걸으면서 우리는 많은 말을 나누었다. "깊은 산속에서 어떻게 산삼을 발견하느냐?"고 물었더니 "산삼도, 인생도 인연 따라 만나고 헤어진다."고 하였다. "그 인연 또한 스스로가 만든다."고 화답하고 우리는 호탕하게 웃었다.

산길과 들길의 갈림길에서 나는 「나그넷길에서 만나고 헤어지는 것이 다반사임」을 잊었던지, 연락처를 물었다. 그러나 심마니는 부질없는 일이라며 손을 흔들고 사라져갔다. 그날 밤 민박집에서, 무게 있고 꾸밈없는 심마니의 풍모가 떠올라 뒤척이며 밤을 새웠다.

일흔 살 되는 2007년 11월 2일, 을씨년스러운 늦가을!

큰새이령, 마산을 거쳐 진부령 고개 마을에서, 더는 갈 수 없는 향로봉 군사도로를 멀리 바라보며 백두대간 종주의 긴 막을 내렸다.

때가 되면
미련 없이

 퇴직 후 소일거리를 장만한다는 가벼운 마음으로 별로 힘들이지 않고 내가 살던 산간마을 안산案山 한 모퉁이에 우리 가족 노동력으로 감당할 수 있는 적당한 크기의 단감과수원을 조성하였다.

 퇴직 후에도 현직에 있을 때처럼 과수원에 출퇴근하면서 과수를 돌보는 것이 나의 일과였으니 마음도 몸도 평상처럼 가벼웠다.
 가뭄이 극심한 한여름, 감나무 잎은 더위를 먹고 축

늘어져 호흡이 가쁘고 열매는 작열하는 태양열에 시달려 물기가 빠져 쭈글쭈글 시든 모습을 볼 때는 마음이 아프지만, 입추를 지나 처서 무렵이면 약간 생기를 찾는다. 백로 추분을 거쳐 한로 절기를 맞으면 언제 더위에 시달렸더냐는 듯 육안으로 볼 수 있을 정도로 과육이 나날이 불어난다. 수목도 열매도 웃었으며 과수 주인도 덩달아 희색이 만연하다.

가을의 끝 계절인 상강 전후로 감을 따기 시작하여 입동 무렵이면 수확이 마무리된다. 크고 싱싱한 과일에 첫 가위를 댈 때는 미안하고 민망스럽지만 내년을 기약하자며 과수를 달래면, 선량한 수목은 토를 달지 않고 고개를 끄덕인다. 노력한 만큼 짭짤한 재미도 있었으며 과수도 주인의 흐뭇한 마음을 알아주었으니 이보다 더한 고마움과 즐거움이 있었으랴!

어느 해 가을, 예전처럼 즐거운 마음으로 감을 따서 바구니에 담아 드는 순간 허리에 찌릿한 통증이 왔다, 감 바구니를 들 수도, 허리를 펼 수도 없었다. 나는 땅에 주저앉았다. 이제 겨우 일흔아홉 나이인데 이렇게도 노쇠했을까,

"나이에 장사 없다."는 속언이 나를 압박하였다. 직접 돌볼 수 없는 수공樹公을 계속 붙들고 있다는 것은 피차 괴로운 일이다. 40여 년 아끼면서 돌보았던 과수와 작별하지 않을 수 없었다.

수공이시여!

중생이 피할 수 없는 고통이 애별이고愛別離苦이거늘, 소인인들 어쩌리오! 좋은 주인 만나서 건강하게 살아가기를 기원하며 긴 세월 정들었던 과수에게 이별을 고하였다. 세상만사 내려놓을 때가 되면 미련 없이 버리는 것이 천리天理에 순응順應하는 길일지니…….

이 시기에 있었던 또 하나의 사건이다. 감꽃에 수정도 하고 꿀도 얻어먹을 겸 과수원 주변에 벌을 여남은 통 길렀다. 미물 곤충이지만 없어서는 안 될 고맙고 귀한 존재였다. 폭염을 막으려 차광막을 치기도 하고 겨울이면 또닥또닥 짚을 덮어 보온도 하고 먹이도 충분히 주고 봉공蜂公에게 흠뻑 정을 주면서 성의껏 관리하였다.

이들도 나의 사랑을 받아들여 '윙! 윙!'거리면서 화답하였으며 감꽃에 수정도, 꿀蜜도 부지런히 물어 나르며 나의 정성에 보답해주었다. 분봉分蜂 때가 가까워지면 많은 벌들이 떼 지어 하늘을 배회하면서 "여기 한 무리가 분가하니 잘 받으시오!"는 신호를 준다.

나와 봉군蜂群과는 의사소통도 하면서 오랜 세월 깊은 정이 들었다.

세월이 흘러 쇠진한 체력으로 과수원과 봉공蜂公을 돌볼 힘이 없었다. 꿀과 꽃가루를 부지런히 물어다 나르는 벌들을 보고 있으니 고맙기도 하고 애처로움과 미안함이 교차하였다.

"그대들을 돌볼 힘이 없으니 어디 좋은 곳으로 훨훨 떠나주었으면…" 하는 몹쓸 마음이 들 때도 있었다.

아니다 비록 미물일지라도 도움 주고 도움받고, 긴 세월 고락을 같이하였는데 왜 내가 매정한 마음을 내느냐며 스스로 질책하면서도, 망網을 쓰고 내검內檢을 할 때는 허리도 아프고 땀도 흐르고 거북한 때가 자주 있었다.

"봉공이시여!"

"멀리 서쪽으로 가면 정토가 있다던데 그대들 의향은

어떠하시오?"

 이튿날 아침 아무 생각 없이 평소처럼 양봉장에 갔다. 활기차게 윙윙거리며 한창 나들이해야 할 아침나절인데 주변이 조용하였다. 나는 이상한 예감이 들었다. 여남은 벌통을 일일이 열어보았으나 한 마리 벌도 보이지 않았다.

 인연 있으면 만나리다!
 떠날 때는 말없이!
 지난밤 달빛 따라 서방정토로 가셨나요!

 미물로만 여겼던 봉공 그대들의 보살핌을 받는구려. 노쇠한 늙은 몸을 배려하는 인간보다 더 인간적인 따뜻한 마음에 고맙고, 떠나버린 허전함에 가슴이 시리다.

막역莫逆했던
스님을 추모하며

무상이란 생멸 변화에 상주함이 없다는 말이다.
 세존께서도 태자 시절, 4문유관상에서 무상을 크게 느꼈다고 하며 우리나라에도 부모님을 일찍 여읜 충격으로 출가하여 불교계에 큰 족적을 남기신 스님들이 많이 있다. 고려 고종 때 혜심 진각국사도 사마시를 거쳐 태학에 입학하였으나 모친의 타계로 인생무상에 충격을 받아 불가에 귀의하셨으며 조선 선조 때 청허당 서산대사도 소년시절 양친을 잃고 지리산으로 들어갔다.

나와 막역지간莫逆之間이었던 승욱스님도 소년시절 양친을 잃은 충격으로 청담스님 상좌 도현스님을 은사로 고성 옥천사로 출가하셨다.

필자도 젊었던 시절, 부모님께 불효한 죄업이 나를 괴롭힐 때면 승욱스님을 찾아뵙고 참회도 하고 기도도 하면서 자주 만나다 보니 은근히 승속僧俗을 넘어선 정이 들었다. 세속 나이로는 스님보다 몇 살 연장이지만 겁세劫歲도 찰나인 불가에서 연치 따위가 무슨 의미가 있으랴!

단감 수확 철, 인력이 부족할 때면 스님이 지게로 감 짐을 져나르며 보시하는 활달한 성품이었으며 막역한 사이였다.

스님은 오랜 세월 옥천사 청련암에서 수행하였으며 천불전과 강당을 증축하고 오솔길이던 진입로를 확장 포장하였으며 정토만일회도 결성하였다.

정토만일회는 옛 청련암 스님들과 신도들이 조직 운영하였던 만일계에 뿌리를 두었으며 승속 간에 일어나는 인연 있는 사안에 긴 세월 봉사, 보시하고 있다. 2027년 음 3월 3일 만일萬日 회향을 앞두고 성불화 강미석 회

2000년 봄 금강산 기행에 승욱스님과 함께
(오른쪽 첫 번째가 승욱스님)

장님의 탁월한 지도력과 지극한 불심에 힘입어 원만하게 운영되고 있으니 고마운 일이다.

1997년 스님의 힘을 입어 대원거사 최두찬 선생님의 법력이 일원상을 그려 연화교원불자회를 결성하였는데 30여 명의 초 중등학교 교원 불자님들이 수시로 법회를 열었다. 이때 지도법사 승욱스님은, 지성으로 자나 깨나 "나무아마타불!"을 염하라고 설법하셨다. 지금 여기서 아미타부처님을 칭명하면 그 소리가 아미타불국토에까지 들린다고 하였으며 임종 직전 단 한 번만이라도 아미타부처님을 염송하면 아미타불국토에 태어난다고 하였으니, 평소에 염불하지 않고는 임종 때 부처님 찾을 힘이 없다는 것을 미리 가르치고자 하셨던가 싶다.

교원 불자님들에게 염불수행의 종자를 심어주셨던 자비하신 스님도 가셨으며 교원불자회도 시들었으나 창립 당시 총무였던 관음행 서경련 선생님의 원력으로 가느다란 끈을 붙들고 있으니 무상의 진리를 실감하게 된다.

스님은 찾아다니면서, 환경이 좋지 못한 아이들을 데려오고 보살핀 자비공덕의 열매가 익어 2003년 1월 고성

군 개천면 좌련마을에 사회복지법인 보리수동산을 개설하였다. 스님의 분신과도 같은 보리수동산은 지금 스님의 유지에 어긋남 없이 김준식 원장님의 세심한 배려와 자비 행에 탄력을 받아 번창하고 있다. 김준식 원장님께 감사드린다.

스님은 매사에 긍정적이었으며 활달한 성품이어서 장수를 누릴 줄 알았는데, 자기를 잃은 채 아이들 돌보기에 평생을 일관하다 보니 여러 합병증에 시달리다가 2019년 9월 2일 세수 70세 법랍 48세로 원적에 드셨다.

평소 스님이 즐겨 읊었던 소회 한 수를 소개한다.

꿈꾸듯 어느새 세월은 흘러
부처님 입은 은혜 하늘 같은데
내가 베푼 은혜는 홍모 같으니
우러러 하늘 보기 부끄러워라
세상 모든 것 묘음 묘법이니
새는 높이 날고 꽃은 만개하였다
보리수동산에서 자라는 동자님들
장대하신 꿈 하늘에 뻗쳐 있네

원각스님과 함께

원명스님과 함께

나는 스님의 사바 환속을 기원하며 영가 전에 만장挽章 한 수를 올렸다.

> 작야화개금조락昨夜花開今朝落
> 무상대도장진리無常大道將眞理
> 일락서천막시비日落西天莫是非
> 명조동천휘광명明朝東天輝光明

> 어젯밤 핀 꽃이 오늘 아침 떨어지니
> 모든 것 무상함이 크나큰 진리일세
> 서산에 해 진다고 시비하지 말라
> 내일 아침 동천에 밝게 빛날 것이다.

옥천사 전 주지였으며 현 조계종 18대 종회위원인 원각스님과 청련암에서 수행 포교하는 원명스님이 승욱종사의 상좌이시다.

제2장

재생처가
보였으나
할 일이
남아서

—

병상病床 소고小考

코로나19
예방접종

 혈기 방장하였던 젊은 시절에는 다른 사람과 뜻이 같지 않으면 반항도 하고 불평도 하였으나 노인이 되어서는 그럴 용기도 기력도 없어 가정일은 물론 간혹 있는 단체모임에서도 남 따라가는 지당대감이 되었다. 참으로 편하고 좋았으니 긍정적 사고와 하심下心이 건강과 안전에 도움이 된다는 것도 늦은 나이에 알게 되었다.

 2019년 예전에 없었던 코로나19가 창궐하여 지구촌 전체를 어지럽히고 있다. 생명을 경시하는 인간의 난잡

한 행위 결과라고 주장하는 사람도 있는데 옳은 말씀인 것 같다.

대부분 사람들이 코로나 백신을 맞아 예방하고 있지만 한편으로는 백신 부작용도 만만치 않아서 예방주사 맞기를 꺼리는 사람도 더러 있다.

그러나 정부에서는 부작용보다는 백신효과가 더 크다고 판단, 예방접종을 적극 권장하고 있다. 정부시책에도 부응하고 나의 건강을 위하여 나는 아무 거리낌 없이 코로나 1, 2차 예방접종을 받았으며 타인에게도 권장하였다.

노인들은 3차 접종도 받아야 된다고 행정당국에서 권장하기에 1, 2차 때처럼 부작용에 대한 생각은 전혀 하지 않고 지정하는 동네 모 의원에서 2021년 12월 1일 화이자 백신을 맞았다.

1, 2차 때는 진주시 보건소에서 접종받았는데 의료진들이 접종 후 주의사항도 알려주고 복약에 대하여도 친절하게 설명해 주었으나 3차 때인 동네의원에서는 분위기가 매우 달랐다. 두 번이나 접종을 받았기에 잘 알고 있을 것으로 생각하였던지 의료진에서도, 접종받으려

간 자도 아무 말 없이 백신을 주고받는 행위만 진행되었다. 예방주사 맞고 병원 내 빈 공간에 10분쯤 서 있다가 말없이 다들 병원 문을 나갔다.

그러나 나는 뭔가 들어야 할 말을 듣지 못한 것 같기도 하고 물을 것이 있는데 못 물은 것 같기도 한 께름직한 느낌이 들었으나 다른 사람들은 아무렇지도 않는 것 같았다.

어쨌든 3차 접종 직후 찜찜한 느낌은 있었으나 별 탈 없이 또 별 생각도 없이 20일 가까운 시일이 지나갔다.

그런데 12월 19일 밤 손발이 갑자기 감전된 것처럼 쩌릿쩌릿하고 바늘로 찌르는 듯 아프기도 하였으며 미열도 있고 처음 겪는 이상한 고통이 왔다.

이튿날 진주 제일병원에서 검사를 받았더니 길랭바레 증후군에 감염된 것 같다면서 급히 경상대학교병원으로 가는 것이 좋겠다고 하였다.

길랭바레가 어떤 병인지도 몰랐지만 중병에 걸린 것 같아서 나와 인연 깊은 진주 연세의원 정만석 원장에게 서울 큰 병원으로 가는 것이 어떻겠느냐고 전화로 물었더니 인공호흡이 가능한 병원이면 어디나 안심해도 된다기에 2021년 12월 20일 나는 경상대학교병원 일반응급실에 입원하였다.

경상대학교병원
신경과 응급실 입원

　코로나 창궐로 병원마다 입원실이 부족하였으며 사람이 모이는 곳이면 어디나 비상 상태였다.

　대학병원 응급실 앞 119응급차에서 3시간을 기다렸다가 일반응급실에 겨우 입원하였다. 모여드는 환자는 많고 공간은 좁아서 많은 환자를 수용할 수 있게 응급실 구조를 고친 것 같았는데 환자 한 사람이 겨우 누을 수 있는 좁은 침대와 보호자 한 사람이 앉을 정도의 작은 의자 한 개가 환자 한 사람에게 주어진 시설 전부였으며 그 좁은 공간마저도 비닐로 된 칸막이였다. 환자에게는 소변 줄을 달아 자기 칸 밖으로 나오지 못하도록 하였다.

나는 신경이 죽어가면서 손발이 찌르듯 아프고 표현 못 할 이상한 고통으로 참을 수가 없었으나 참지 않을 수도 없었다.

무릎관절통으로 고생하는 팔순인 아내가 병간호를 하겠다고 같이 있었는데 눕지도 못하고 밤새 좁은 의자에 앉아 고생하는 것을 볼 때, 안쓰럽고 미안한 마음에 나의 아픔이 조금은 줄어드는 느낌이었다. 이튿날 몇 가지 검사 결과 길랭바레 증후군에 감염되었다는 확진이 나왔다.

나는 신경계 중환자로 분류되어 46병동 응급환자실로 이송되었다. 일반 응급실 좁은 공간에 있을 때보다는 덜 갑갑하였지만 손발 신경 마비가 더 진행되어 움직일 수 없었으며 앞으로도 더 진행될 것이라고 하니 두렵고 무거운 마음을 진정하기가 어려웠다.

길랭바레 증후군, 치료약은 없으며 통증을 약간 해소할 수 있는 「면역글로브린」이라는 주사액을 하루 한 대

씩 5일간 투여할 것이며 그 외는 순전히 자력으로 버텨야 한다고 주치의가 일러 주었다.

길랭바레, 처음 듣는 생소한 병명이다. 아직까지는 손가락으로 휴대전화 숫자는 겨우 누를 힘이 있었기에 몇몇 지인에게 길랭바레가 어떤 병인지 알아보라고 부탁하였더니, 「말초부터 서서히 신경이 죽어가 10일쯤 뒤 목 부위에서 정점을 찍고 신경이 다시 살아나는 희귀병」이라며 용기를 내어 일어나라는 격려의 답이 왔다.

희귀한 병이 나에게 찾아왔으니 그럴만한 연유가 분명 있었을 터!

길랭바레!

"나는 그대에게 아무런 원한도 감정도 없으니 부지불식不知不識간에 악연이 쌓였다면 그대께서는 자비를 베푸시어 악연을 풀고 내 곁을 어서 떠나주시기를 간절히 기원합니다"

성한 몸으로라도
입원하여

하지 신경 마비는 급속으로 진행되어 응급실로 온 지 3일차에는 허벅지 부위까지 감각이 없었다. 간호사는 양다리를 들어 올려보라고 유도하였으나 마음뿐이지 꼼작도 할 수 없었다. 신경이란 것이 이렇게 중요한 기능을 하는 줄 이제야 실감하였다. 며칠 전까지도 뛰어다닐 수 있었던 성한 몸이었는데…. 쩔룩거릴지라도 걸어만 보았으면 더 바랄 것이 없을 것 같은 절박한 심정이었다.

그런데 길랭바레라는 병이 희한하게 신경은 마비되어

도 정신은 더욱 맑아왔다.

　병실은 개개의 침대를 사이에 두고 얇은 천으로 둘러 있기에 옆 방 환자의 숨소리마저도 들렸다. 내 병실 바로 옆 칸에 환자 한 분이 토요일 오후에 들어왔는데 무슨 병인지는 모르지만 다른 병실에서 치료를 받고 거의 완치된 상태에서 월요일 퇴원할 때까지 본 병실에서 기다리는 것 같았다. 나이는 나와 비슷하게 짐작되었으며 부인 되시는 분과 따님 및 사위 등 네 분이 여관방에 머무는 것 같은 분위기였다. 바스락바스락 신문 넘기는 소리도 들리고 20대 대통령 선거에 대한 의견도, 가벼운 웃음소리도 들렸다.

　이따금 시조를 읊조리는 노인의 가느다란 목소리도 들려왔다.

　행복한 가정 복 많은 노인이시여!

　부디 나 같은 희귀병에는 걸리지 마소서!

　젊었던 시절, 교원예능 경진대회 시조경창분야에 입상하여 기뻐했던 그 영상이 병고 속에서도 흐뭇하게 스쳤다. 뜻밖의 장소에서 오랜만에 들어보는 정감 있는 시조창이다. 내가 이 병을 이겨낸다면 성한 몸일지라도 여기 이 병실에 꼭 한 번 입원하여 저들처럼 가느다란 소리로 시조창도 하고 방담도 나누면서 잠깐이나마 행복한 낭만을 누리고 싶었다.

위급한 상태여서
간호사실 옆 병상으로

　언제 위급한 일이 일어날지 예측불허 상태라고 주치의는 판단했던지 입원 5일 차 되는 날 간호사실 바로 앞 병실로 옮겼다. 중환자 중에서도 더 중환자만 모아둔 곳이다.

　주치의는 주말 퇴근하면서 "휴일, 무슨 급한 일이 일어나더라도 여기가 병원이니 안심하라."고 하였다. 환자를 안심시키기 위한 말씀인 것은 이해되면서도 한편으로는 더 불안하기도 하였다.

목구멍에서는 가래가 그렁그렁 끓고 있었으며 아무리 힘주어 뱉으려 하여도 목에 힘이 없었으니 마음뿐이었다. 취객이 길거리에서 가래 뱉는 몰상식함을 나무라고 싶지 않았다. 소변 통로가 꽉 막혀 아무리 애를 써도 나오지 아니하였다. 거나하게 취하여 후미진 곳에서 방뇨하는 취객이 오히려 부러웠다.

팔과 다리의 신경은 완전히 마비되어 펼 수도 오그릴 수도 없었다. 손발 끝에서 마비되기 시작한 신경은 몸통으로 점점 뻗쳐가는데 어긋난 척추신경은 오히려 예민하여 그 통증이 이루 말할 수 없이 괴로웠다. 기력도 떨어지고 신경도 마비되어 침대 아래쪽으로 미끄러져 새우등을 하고 웅크린 나에게 어떤 앞날이 전개될지….

천날만날 반야심경을 봉독하였지만 지식으로 터득한 불생불멸의 진리는 내 것이 아니었다. 만약 살아서 나간다면 목숨 걸고 수행하여 불생불멸의 참된 진리를 기필코 지식 아닌 지혜로 터득하리라.

나무석가모니불!

나무석가모니불!
나무시아본사 석가모니불!

따님을 애타게 그리는
노인의 절규

 가족 아닌 타인의 보호를 받고 있는 중환자 노인 한 분이 내 옆 병상에서 밤새워 따님의 이름을 절절하고 애타게 부르짖어 나를 괴롭혔다.
 목에 힘은 없었으나 묵중한 목소리로 아무개야! 아무개야! 부르고 부르다가 지치면 쉬고, 쉬었다가는 다시 부르는 따님의 이름!
 병간하는 사람들의 수군거림을 짐작하여 치매가 심한 환자인 것 같았다. 얼마나 따님이 그리웠기에 맑은 정신이 아닌 상태이면서도 저토록 애타게 찾고 있을까!

오비삼척吾鼻三尺인데도 옆방 노인의 따님을 찾는 둔탁하면서도 애절한 목소리가 밤새워 나를 슬프게 하였다. 부인은 먼저 가시고 남은 피붙이는 외동딸뿐일까…

이튿날 아침,
"할배!"
"밤새도록 찾던 딸 인자(이제는) 보게 되었다!"
노인의 손을 잡고 간병하는 아줌마의 연민 섞인 목소리가 들렸다.
"우찌 된 일인데요?"
나는 몸을 옆으로 돌리며 반사적으로 물었다.
다른 요양병원으로 옮기기 위하여 병원 입구 119구급차에서 따님은 아버지가 내려오기를 기다리고 있다고 하였다.

그 말을 듣는 순간 나는 숨이 가쁘고 가슴이 떨려왔다. 아버지는 밤새워 따님의 이름을 애타게 부르면서 그렇게도 간절하게 찾았건만 그 딸은 한가하게, 아니면 귀찮은 듯 먼발치에서 팔짱 끼고 기다리고 있다니!
가련한 노인이시여!

부디 쾌차하소서!

"정은 아래로 간다."는 속언이야 있지만 그래도 이럴 수가…. 한 번도 본 적 없는 젊은 여인의 아버지에 대한 매정한 태도가 또 한 번 나를 슬프게 하였다.

10년 기른
수염을 깎고

　육칠십 년 전까지도 수염이 없는 성인을 어색하게 보았으나 지금은 수염을 기른 사람을 오히려 이상하게 보는 듯하니 사람의 마음이 세류歲流 따라 어찌 이렇게도 쉽게 변할까!

　옛 어른들은 신체뿐 아니라 몸에 붙어 있는 작은 털 하나까지도 부모님으로부터 받은 것이니 함부로 훼상하지 말라는〔身體髮膚 受之父母 弗敢毁傷〕유교도덕의 가르침에 의하여 상투도 틀고 수염도 길렀다.

　구한말 개화파 주장에 의하여 1895년 조정에서 단발

령을 내리자 유생들이 크게 반발한 사건이 있었다. 옛사람들은 수염과 머리털을 이처럼 중하게 여겼다.

나는 10년쯤 전 여름감기로 근 달포간 시름시름 앓는 동안 수염 깎을 시기를 놓친 것이 계기가 되어 지금까지 긴 수염을 달고 살았다. 옛 것을 찾기 위해서도 개성이 뚜렷해서도 아니었다. 그냥 두었으니 그냥 자랐으며 오랜 세월 기르고 보니 싫지도 않았다. 긴 수염에 빗질을 하고 쓰다듬을 때는 상쾌한 느낌도 있었다.

길랭바레 희귀병과 폐렴이 진행될수록 목 안에는 가래가 심하게 고였으나 자력으로 처리할 수 없으니 이를 뽑아내기 위하여 기계를 목 안 깊숙이 넣을 때는 구토와 기침, 숨 가쁜 고통이 극에 달하였다. 뱉어도 뽑아내어도 끊임없이 나오는 가래가 긴 수염에 묻으니 이를 처리하기가 예사로 힘든 일이 아니었다.

닦고 닦다가 지친 아내가 조심스럽게 수염을 깎자고 제안하였으며 장남도 슬그머니 이에 동조하였다. 생사 귀로에서 허덕이는 처지에 그까짓 수염에 연연할 겨를이 있었겠는가!

 수염을 깎고 보니 어딘지 허전한 아쉬움은 남아, 나는 반야심경을 읊조렸다. 색즉시공이요 공즉시색이라 했거늘….

수시로 곡성이 들려오고

 신경계 46병동 응급실에서도 수시로 사망자가 발생하였다. 더구나 간호사실 옆 병상 중환자들은 예측할 수 없는 위험 군에 속한다. 내가 누워 있는 옆 병상 환자 대부분은 인공호흡기에 의지하여 숨을 쉬고 있었으니 숨이 가빠 괴로워하는 소리가 끊임없이 들려왔다. 숨을 쉬려고 몸부림치다가 한참 만에 툭 터지는 숨소리! 쩝쩝 입맛 다시는 소리가 애처롭게 들렸다.

 어떤 환자는 긴 시간 숨을 못 쉬는 것으로 보아 이미 숨이 끊어진 것으로 추측되었으나 한참 만에 어렵게 숨이 터지는 소리가 들렸으니 얼마나 괴로웠으랴!

숨이 차서 괴로워하는 아버지를 애태우며 지켜보던 따님의 참으면서 터지는 애절한 곡성이 들리기도 하고, 할아버지 주검 앞에서 "나는 어쩌라고!" 울부짖는 할멈의 원망 섞인 울부짖음도 들려왔다.

이쪽저쪽에서 터지는 곡성 한복판에 누워 있는 나에게 길랭바레님은 얄궂은 웃음을 지으며 "너도 저들처럼 될 때가 도래하였다."며 노려보고 있었다.

> 유연직주무연거有緣直住無緣去요
> 일임청풍송백운一任靑風送白雲이더라.

> 인연 있으면 머물 것이요 인연 다하면 떠나는 것
> 흰 구름 오가는 것 바람에 맡기듯

고통과 긴장을 풀어보려고 "생사에 연연하지 말라"는 옛 선사의 게송을 떠올려 보았다.

아름다운 문장이나 감명을 주는 명구名句는 여유 있고 한가할 때 그 가치를 발하는 것이지 생명이 위급한 상태에서 범부중생에게는 아무 소용없는 언어유희言語遊戱에 불과하였다.

먼저 가신 영가여!
극락왕생하사이다.

나무아미타불!
나무관세음보살!

콧줄을 달아
음식물을 투여하고

 손발 끝에서 신경이 마비되기 시작하여 입원 6일 차 되는 날은 복부까지 진행되었으며 목에까지 영향을 주었다. 신경이 제 역할을 못하니 음식물이 기도로 들어가 설상가상雪上加霜으로 폐렴까지 겹쳤다.

 미음이나 먹는 약 등을 위로 직접 전달하기 위하여 콧구멍으로 관줄을 넣었다. 이때부터는 물 한 방울도 입으로는 삼킬 수 없었다. 하도 입이 말라서 물을 입안에 머금었다가 뱉는다는 것이 잘못하여 소량의 물을 삼킨 것이 화근이 되어 폐렴이 더 악화되었으니 길랭바레보다 폐렴이 더 문제였다.

숨은 가쁘고 목에 힘이 없어 치아가 스스로 혀를 깨물어 혓바닥에서는 피가 흐르고 갈증은 극에 달하였다. 고통스러운 환자에게는 오복 중, 죽음을 편안하게 맞이하는 고종명考終命이 으뜸 복인 것을 절감하였다.

병실 텔레비전에 20대 대통령 출마자들의 토론 장면이 언뜻 스쳐갔다. 토론을 마친 모 후보가 시원하게 물 한 모금을 마시고 퇴장하는 장면이 보였다. 그것을 보는 순간 나는 마음속으로 중얼거렸다.
"그렇게 물을 마실 수 있다는 것만으로도 홍복인데 무엇을 더 바라시오."
오죽하였으면 이런 독백이 나왔으랴!

물! 물! 한없이 물이 그리웠다.
남명 선생께서 지리산 아래 덕산 산천재에 머무실 때 물이 넉넉하면 사람의 마음도 여유가 있다며 지리산 맑은 물을 예찬한 글귀가 있다.

춘산저처무방초春山底處無芳草
지애천왕근제거只愛天王近帝居
백수귀래하물식白手歸來何物食
은하십리끽유여銀河十里喫猶餘

봄 산 밑 어디엔들 방초 없으랴!
다만 천제 계시는 곳과 가까운 지리산이 좋아라.
빈손으로 들어와 먹을 것을 걱정하였는데
길게 뻗친 맑은 물 먹고도 남더라.

묵중하고 장대한 지리산 깊은 계곡! 나는 지리산 계곡, 은하처럼 맑은 물을 떠올리며 갈증을 완화하려 안간힘을 썼다. 그러나 다 허사였다. 고통은 극으로 치닫고 있었다.

재생처가 보였으나
할 일이 남아서

　백장야호百丈野狐 공안에 "불락인과 불매인과不落因果不昧因果"라는 고사가 있다. 불매인과를 불락인과라. 즉 매昧를 락落으로 글자 한 자 제자들에게 잘못 일러주어 500세 여우 몸을 받은 한 납자를 백장 회해선사(唐代)가 천도시켰다는 이야기이니 구업口業 짓지 말자는 공안이다.

　발끝에서부터 마비되기 시작한 신경이 10여 일이 지나서는 목 부위까지 진행되어 몸은 나뭇등걸처럼 굳어졌으며 눈은 뜰 수도 없었다. 그러면서도 사람들의 말소리는 잘 들렸으며 정신은 맑았다.

2021년(辛丑) 마지막 날이 이승에서 나의 마지막 날이 될 것 같은 징조가 서서히 나타나고 있었다. 가슴이 터질 듯, 숨은 가쁘고 할멈과 아들의 흘쩍거리는 소리도 간간이 들려오고 인공호흡기를 준비해야겠다는 주치의의 말도 들렸으며 "마음의 준비를 하라."는 끔찍한 소리가 나를 압박하였다.

"다들 헛소리하지 말라!"

"기름도 남아 있고 심지도 훼손되지 아니하였는데 불이 왜 꺼져!"

"나는 죽을 이유가 없기에 죽어서는 안 될 사람이다."라며 정신줄을 강하게 다잡았다.

오랜 기간 병을 앓아 체력이 쇠잔한 상태도 아니고 정부시책에 호응하여 코로나 예방주사를 맞은 착한 시민이다. 이런 사람을 저승사자가 잡아가려 한다면 이는 천리에 역행하는 길이라고 판단되었기에 고분고분 응할 수가 없었다. 그러면서도 막바지 골목길에 들어섰다고 생각하니 시절인연이란 말이 진하게 떠올랐다.

이승에서 지을 업이 다하여 더 지을 업이 없으면 죽을 조건이 마련된다고 불가에서는 가르치고 있다. 병사病死

의 경우, 업이 다하면 죽을병이 스스로 찾아오는 것이지, 죽을병이 먼저 들어서 죽는 것이 아니라고 했다. 생각이 여기까지 미치니 한결 편안하면서도 아직은 지어야 할 좋은 업이 남아 있다고 우기고 싶었다.

숨만 제대로 쉬면 설마 죽지는 않겠지! 바짝 정신을 차리고 평소에 명상했던 대로 들숨, 날숨에만 초점을 맞추었다.

12연기에 의하면, 무지로 인하여 행이 있고 행 때문에 식이 형성된다. 이때 식은 상주하는 것도 아니며 단멸하는 것도 아니다. 다만 행으로 인하여 형성된 유전업식流轉業識이다.

업에 의하여 형성된 이 유전업식은 오가는데 시공이 없다. 들숨 날숨 순간에 5대양 6대주 어느 곳이든 언제든 입식될 수도 있고 몸이 없는 화생化生 등 6도를 윤회하기도 하고 성문 연각이나 보살 부처로 열반에 들기도 한다.

대승불교에서는 식이 수정란 속으로 들어가기 전을 중음신이라고 한다. 이 중음신이 인간으로 윤회할 경우 그에 합당한 물질덩어리인 DNA에 부착하여 명색이 이뤄진다.

명색으로 인하여 6입이, 6입 때문에 촉이, 촉 때문에 수가, 수로 인하여 갈애가, 갈애 때문에 유가, 유 때문에 생로사로 끊임없이 반복된다.(불교무아론 한자경)

나는 이대로 죽을 수 없다며 마음을 놓치지 않으려고 애를 썼으나 깜빡 정신이 혼미한 때도 있었다. 정신이 혼미할 때는 식이 수태될 곳을 찾아갔을 때이며 다시 정신이 들 때는 육신으로 식이 돌아왔을 때라고 초기불교에서는 가르치고 있다. 그날 밤, 나도 이런 경지를 여러 번 겪으면서 재생처를 보았다.

경사가 급하지 아니한 암반이 길게 누워 있고 겁세劫歲의 풍화로 파인 암반 홈 위로 느릿한 물줄기가 흐르고 그 폭포 아래 푸른 소沼에서 은하 옥구슬이 수없이 솟아오르고 있었다. 우거진 송림 사이사이로 모닥모닥 기화요초가 산들바람에 흔들리기도 하고, 마른 나뭇가지 위에 앉은 작은 새가 조는 모습 등 선경이 연출되고 있었다. 그리 넓지 않은 분지에 언젠가 본 듯한 대웅전이 묵중하게 앉아 있고 그 주변에 띄엄띄엄 자리 잡은 가람도 보였다. 스님들 독경 소리도 들리고 굴착기가 사찰 기둥을 세우는 모습 등이 긴 시간 선명하였다.

내가 이대로 죽는다면 80여 년 지은 업에 의하여 형성된 식이, 조금도 어긋남 없이 그에 합당한 어느 여인의 자궁 속으로 들어가 색에 부착될 것이며 10개월 후 출산된 이 아이는 일정기간이 지나면 인연 따라 스님이 될 것으로 확신하였으니 「이보다 더 좋은 재생처」가 있으랴마는 나는 극구 거부하였다. 반드시 살아나서 지극한 마음으로 사생결단 수행하여 윤회 없는 사성四聖(성문 연각 보살 부처)의 경지에 이르고 싶었다.

이렇게 돈독한 마음을 갖게 되니 몸이 불편하다든가 고통스럽다는 느낌은 별로 없었으며 다만 숨 가쁜 고통만은 의식할 수 있었다. 이때 구멍 두 개가 나란히 뚫린 두터운 판자 하나가 불현듯 나타났다.

숨이 가쁜 것도 현실이었으며 살아야겠다는 마음도 뚜렷한 상태에서 판자가 선명하게 보였으니 이것은 몽환夢幻이 아니고 분명 현실이었다. 옛날, 구법자의 간절함이 극에 달하여 관세음보살이나 문수보살을 친견한 것이 몽환이었던가!

　나도 모르게 저절로 이마는 판자에, 코는 왼쪽 구멍에 딱 붙였으며 오로지 숨 쉬는 데만 마음을 쏟았다. 이렇게 숨 화두에만 매진한 지 제법 긴 시간이 흘렀을까, 정신을 차려보니 판자도 구멍도 보이지 않았으며 그렇게 가쁘던 숨도 어느 정도 완화되어 자고 난 듯 가뿐하였다.

　예방접종 며칠 전, 평소에 다니던 청련암에서 2주간 지극한 마음으로 관음기도를 한 바 있었다. 회향하는 날 왠지 우수하고 비감이 들어 원명스님을 부여잡고 눈물을 흘린 바 있었다. 늙은이 처지에 면구쩍었으나 복받치는 감정을 어쩌랴!

　느닷없이 판자 구멍이 불쑥 나타난 것은 스님의 자비였을까, 관세음보살님의 가피였을까? 죽는다는 것은 한 생명의 일생에서 가장 중대한 사건인데 그 큰일을 해내기가 쉽지 않았던지 다시 살아났다. 이제 한시름 놓았다고 보호자에게 일러주는 주치의의 밝은 목소리가 들렸다.

　땀투성이가 된 몸을 아내가 닦아주었으며 깊은 잠에

빠졌다. 얼마가 지났는지 눈을 떠보니 아침 햇살을 받아 밝은 병실 창문 커튼 위에 많은 보살님이 나투셨다.

임종게 臨終偈

건성수행일평생 乾誠修行一平生
하량자성불생멸 何量自性不生滅
금조차타양단세 今朝此他兩斷世
올올보살현여몰 兀兀菩薩顯與沒

평생 건성으로 수행하고서
자성의 불생불멸 진리를 어찌 헤아릴 수 있었으랴!
오늘 아침 이 세상 저 세상 갈림길에 서니
우뚝우뚝 많은 보살 나타나고 사라지네!

  교묘한 수단으로 남의 것을 빼앗아 제 것이라 우기던 지인의 얼굴이 떠올랐다. 트집만 잡던 정치인의 모습도 보였다. 대중을 멀리하고 아집만 부렸던 이웃 노인의 모습도 스쳐 지나갔다. 밉기는커녕 다들 예쁘고 고운 모습이었으며 연민의 정이 갔다. 본성이 부처인데 어디에 애증愛憎이 있었으랴! 우둔한 중생이 연기를 깨달은 것은 아닐 터이지만 이때만은 한없이 자유롭고 걸림이 없었다.

삼독이 녹은 듯 나옹선사의 청산가가 떠올랐다. 고려 말 나옹선사는 중국 보타락가산에서 관세음보살을 친견하였으며 염불 수행에 큰 족적을 남기신 어른이시다.

청산은 나를 보고 말없이 살라 하고
창공은 나를 보고 티 없이 살라 하네
사랑도 벗어두고 미움도 벗어두고
물처럼 바람처럼 살다가 가라 하네

이날이 2022년(壬寅) 새해 첫날이었다.

주치의 김주현 교수님이 새해를 병원에서 맞게 되어 아쉽다며 위로하는 여유도 보였다.

무시무종無始無終, 해 뜨고 해 지는 것, 그날이 그날인 것을 사람들이 구년 신년을 만들어 헤아리고 있으니 새해 첫날이라고 무슨 의미가 있으랴!

둘째 아들이 임종게를 받아 적었으나 한자세대가 아니어서 뜻 전달이 미숙하였다. 하여 고성 거주 석학 김용화 선생의 힘을 빌었다. 살아난 듯하였으나 다시 언제 무슨 변이 있을지 종잡을 수 없는 상태여서, 살았을 적 촌음을 아껴 수행하라는 원을 담아 지인들에게 임종게를 전달하였다.

죽기도 전에 다음 생의 경지를 일러준 월하스님의 임종게가 떠올랐다.

월하스님 임종게

일물탈근진一物脫根塵
두두현법신頭頭現法身
막론거여주莫論去與住
처처진오가處處盡吾家

한 물건이 티끌세상을 벗어나니
보이는 것 모두가 부처님이더라.

죽고 사는 것 논하지 말라.
가는 곳마다 내가 살았던 옛집이니라.

 2003년 통도사 큰 어른 노천당 월하스님 다비장에 갔다가 선사님의 임종게를 읽고, 저쪽 세상에 가보시지 아니하고 어찌 저쪽 경지를 읊었을까? 의아해하였는데 오늘 내가 겪고서야 의문이 풀렸다.
 미혹한 중생의 눈에는, 눈으로 확인되는 육신이 진토로 돌아가는 것만 보이겠지만, 도인 노천당이 어찌 영靈의 흐름을 못 보았으리요!

한고비를 넘기고

주인공

강물이 고갈된 자갈밭 위로
유령 같은 인파가
낙엽처럼 몰려온다.

앞 무리가 멈춰서니 뒤 대열도 앉아 쉬고
반항도 순응도 없이 강물처럼 흐른다.

젊은 시절 고집도 사랑도
천치天痴가 된 지금도
내내 그 자리.

현상에 상이 있으랴
환향還鄕하는 물거품!

 마취에서 깨어난 기분이었는데 왠지 슬픔이 엄습하였다. 현재 일어나는 모든 현상은 과거를 바탕으로 하였으며 미래 또한 현재를 바탕으로 이루어질 것이니 과거 현재 미래, 즉 삼세는 단절 없이 이어지고 있다.

역천겁이불고歷千劫而不古요
긍만세이장금亘萬歲而長今이니라.

흘러간 오랜 세월 과거 아니요.
많은 세월 흘러도 오늘 그 자리!

 사찰 일주문에 더러 걸려 있는 주련의 글귀이다.

저자의 손자들(2009년 겨울 한라산 등반)

생명(불성) 자체는 시공도 생사도 초월하여 그냥 쭉 흐른다고 한다. 수행을 쌓아 지혜로서 이와 같은 진리를 깨달은 성자는 생사에 의미를 두지 않겠지만, 생멸의 이치를 지식만으로 터득한 범부중생에게는 그럴 여력이 없었다. 숨이 차서 연방 죽을 지경인데 무슨 다른 생각이 일어날 여지가 없었다. 더 진행되어 죽음이 임박하여 혼미한 상태가 되었을 때는 생사 개념도 없었다. 그런데 한고비를 넘기고 보니 해야 할 많은 일들이 강한 자극을 주었다.

초발심자경문에 야운스님은 "인신난득人身難得이요 불법난봉佛法難逢인데 차생실각此生失却하면 만겁난우萬劫難遇라"고 술述하셨다.

윤회하는 6도에서 아래 4도는 수행할 힘이 없으며 천상은 너무 안락하여 수행할 의욕 없이 한 세상 즐기다가 받은 복 다 까먹고 다시 하계로 추락한다. 그러나 만나기 어려운 인간 몸 받았으니 방일하지 말고 사생결단 불법을 수행하라는 경책이다. 이 법어를 오늘 같이 절실하게 새겨 본 적이 없었다.

일기진심수사신一起嗔心受蛇身. "화를 참지 않으면 뱀

의 몸을 받는다"는 공안도 떠올랐다. 진심嗔心내지 않고 죽는 날까지 지극한 마음으로 수행의 고삐를 바짝 당기리라.

우선 목탁 두드리며 지극한 마음으로 관음정근도 하고 싶었다. 제주에서 설악산까지 사찰마다 찾아가 부처님 전에 예경 올리고 소리 높여 불경을 독송하고 싶었다. 다행히 한쪽 수속만이라도 쓸 수 있다면 글도 쓰고 절름절름 산책하는 것으로도 족할 것 같았다. 손자손녀들의 부축을 받으며 짜장면 집에도 가고 싶었다. 석간 맑은 물도 실컷 들이켜고 싶었으며 세찬 소낙비도 한껏 맞아보고 싶었다.

선망부모 편하게 모시지 못한 한이 상상의 날개를 달았다. 아프리카 오지 가난한 농가에 남아로 태어나 양친에게 지극정성 효행하고 좋은 곳으로 천도시켜 드리고 나의 길은 다음 생으로 미루겠다는 원을 세웠다.

철이 들었을 나이인데 종종 손가락 걸고 약속하자며 손자들이 순박한 재롱을 피운다.

"할아버지 100세까지 살기다!"

"글쎄!"

사람의 수명 장단을 손가락 약속으로 좌우할 수 있다면야…. 눈물도 흔하면 천박하게 보인다던데!

재활 및 퇴원

 죽을 고비는 넘겼으나 신경이 쉽게 돌아오지 않았다.
 2021년 12월 21일 중환자실에 입원하였다가 2022년 1월 22일 재활병동으로 옮겼으니 한 달간 중환자실에 머물면서 여러 의료인의 보살핌을 받았다.

 주치의 김주현 교수님의 환자를 돌보는 따뜻한 마음씨와 "정상생활을 할 수 있을 것"이라는 격려의 말씀이 불안했던 나의 마음을 안정시켜 병상에서 일어나게 되었다고 생각하니 나에게 큰 은혜를 베푸신 분이다. 평생

잊지 못할 것 같다.

무재칠시無財七施, 재물 아닌 일곱 가지 보시 행을 이르는 말이다. 자안애어慈顔愛語, 성 안 내는 얼굴과 고운 말씨가 그 수위의 덕목이다.

환자는 별것 아닌 일에 예민하였으나 온화한 모습과 고운 말씨로 보살펴준 경상대학교병원 46병동 응급실 간호사님들과 의료인의 덕을 입어 고비고비를 잘 넘겼으니 어찌 고맙지 않으랴!

환자를 정성스럽게 보살피며 검사용으로 아주 조심스럽게 피를 뽑아가던 46병동 최지아 선생님의 자안애어가 긴 여운을 남겨 가슴이 따뜻했었다.

재활병동으로 옮기기 이틀 전, 둘째 아들이 나를 부축하고 침대에 몸을 기대어 다리가 부들부들 떨리는 상태에서 혼신의 힘을 모아 나는 아슬아슬하게 일어섰다. 한 달 만에 오금 한 번 펴본 쾌거였다. 아! 그날의 기쁨이란 말로 표현할 수가 없다.

재활치료실 일부 환자는 판자에 몸은 묶인 상태로 세워, 다리에 힘을 올리는 운동을 하고 있었으나 나는 부축을 받으면 겨우 설 수 있었으니 그에 비하면 경환자였다.

재활운동 과정은 자전거 타기, 몸 중심잡기, 바른 자세로 걷기, 팔다리 근력 키우기, 뇌활동 검사, 물리치료 등 다양하였으며 2주간 치료를 받았다.

경상대학병원 재활병동에서 둘째아들과 함께(2022년 1월)

서툴렀지만 지팡이에 의지하여 걸을 수 있었다. 근무 중이면서도 짬짬이 시간 내어 찾아준 큰아이의 보이지 않는 힘이 퇴원을 앞당겼는가 싶었다.

"걸으면 살고 누워 있으면 앉은뱅이가 될 것이니 부지런히 걸으라"는 재활 담당 이은신 교수님의 조언을 깊이 새겼다.

"심호흡을 자주 하고 걸을 때는 그냥 걷지 말고 호전될 것이라는 마음을 갖고 걸어야 효과가 배가倍加한다"

는 호흡기내과 정이영 교수님의 첨언도 들었다.

  길랭바레 환자는 후유증으로 다리에 힘이 없어 걷기를 꺼린다는 것을 미리 알려주어 격려를 도왔던 것도 뒤에 알았다.

  신경과 외래부서에 근무하는 정지영 간호사님의 자상하고 친절한 언행도 큰 울림으로 남아 있었다.

  한 달 보름만인 2022년 2월 4일, 보행이 미숙한 상태였지만 퇴원하였다. 긴 병고의 시간이었는데도 병원 사람들과 정이 들었던지 뒤가 돌아 보임도 어쩔 수가 없었다.

간 병

 병상에 누워 있는 기간이 길어지면서 「직업 간병인」말도 나왔으나 만약 잘못되더라도 한이나 없게 가족이 간병하기로 뜻을 모았는가 싶다.
 나를 간병할 수 있는 가족은 아내와 아들 둘, 딸 둘 등 다섯 사람이다. 며느리와 손자손녀도 있으나 마음뿐이지 여건상 불가능하였으며 큰아들 연대는 대학병원 일반직에 근무하고 있으니 수시로 대면할 수 있고 남은 네 사람은 순서를 정하여 일주일씩 간병하기로 하였다.

첫 번째로 아내가 나를 돌보았다. 당뇨질환으로 여러 해 시달렸는데 최근에는 무릎관절이 고장 나서 다른 사람의 도움을 받아야 할 처지인데, 중환자를 일으키고 눕히고 계속 흘러내리는 가래를 닦아내고 콧줄로 음식도, 약도 넣어야 했으니 얼마나 힘들었으랴! 10일쯤 견디더니 드디어 자기도 입원할 처지가 되었다.

젊었던 시절, 아내 귀한 줄 모르고 무던히 애도 태웠건만 호호백발 늙은 몸으로 자기를 돌보지 않고 영감을 위한 순애殉愛! 여보! 미안하고 고맙소.

12월이 끝 무렵 둘째 아들 연중이 들어왔다. 진주 변두리에서 내외가 화훼도매상을 하고 있다. 화훼시장에서는 "연말연시 한 철 번 것이 일 년 내내 번 것과 맞먹는다."는 말도 있다. 이렇게 중한 시기에 장사 전폐하고 애비를 살리겠다는 각오를 단단히 하고 병간에 임하였는가 싶다.

일주일만 간호하고 동생인 큰딸과 교체할 계획이었으나 병세가 워낙 위급하니 일주일을 더 연장하여 내 곁에 있겠다고 했다. 애비가 나을 때까지 같이 있겠다는 각오인 것 같았다.

저자 가족사진(1985년)

「어리석은 놈」이라고 마음으로 질책하면서도 싫지는 않았다.

둘째의 이런 마음을 읽고 보니 총상으로 만신창이가 된 귀순병을 살려낸 이국종 의사가 떠올랐다. 2010년 가을쯤으로 기억되는 사건인데 북한 병사가 마지막 군사분계선에서 차를 버리고 귀순할 때 경계선을 지키고 있던 다른 북한 병사가 쏜 여러 발의 총탄을 맞고 의식불명 상태에 빠졌다. 이 귀순병을 꼭 살리겠다는 일념으로 집도하여 기적적으로 살려낸 사건이다. 사람을 살리겠다는 이국종 의사님의 집념이 극에 달한 것과 둘째가 아버지를 위하는 지극한 효심이 맥을 같이하였으니 어찌 하늘인들 무심하였으랴!

위험한 고비를 넘겼다고 판단하였던지 16일 만에 동생인 큰딸에게 봉을 넘겼다. 그리고는 주의사항을 자세히 적어 동생에게 준 메모지를 퇴원 무렵 우연히 보게 되었다.

> *여유 있을 때 대야에 미지근한 물을 떠서 손발 씻어드려라.
> *주무실 때 얼굴 등을 쓰다듬거나 만져드리면 편안해하신다.
> *약, 죽, 주사기 사용 시에는 그 일에만 집중하고 아버지 요구사항은 미루어라.
> *물은 마실 수 없으니 입 마르지 않게 물수건을 입에 물려드려라.
> *주치의 말씀 잘 듣고 병세 진행사항을 물어 보아라.

세심하고 구체적인 내용이었으며 긴장하라는 뜻도 담겨 있었다.
　큰딸 소연은 진주시내의 자그마한 회사에 근무하면서 그달 것 받아서 그달 살아가는 평범한 시민이다. 2주간이나 출근하지 아니하여 해고될까봐 걱정하였더니 아버지 병간을 위해서라면 주저 없이 직장을 버리겠고 했다. 제 오빠처럼 완치될 때까지 나의 곁을 떠나지 않겠다는 각오인 것 같았다. 나는 별로 해준 것도 없는데 기특한 녀석…….

　힘들게 기저귀도 갈아야 하고 일으키고 눕히고 손발 씻기며 콧줄 관리 등 귀찮고 싫은 일이기도 하고 또 여건상 불가능하기도 하여, 응급실 환자 대부분은 가족의 보살핌이 아니라 간병인의 보호를 받고 있었으니 가슴 아픈 일이다. 다들 떨어져 살고 있으니 누구 없이 성인이 된 자녀들과 마주 앉아 대화할 기회가 흔하지 않다.
　그런데 나는 병간 때문에 긴 시간 자녀들과 함께 있으니 옛 시절, 아름답고 고왔던 사연들을 회상하며 도란도란 속삭이기도 하고 좀 호전되어서는 밀어주는 휠체

어에 앉아 복도 산책도 하고 매점에서 음료수도 마시고 병환 중인데도 행복한 한때였다.

다음 차례 막내딸 연미는 병간 신청을 하였더니 코로나로 인한 비상 상태여서 가족일지라도 간호인을 3명 이하로 제한한다는 규정 때문에 거절당하고 임하지 못하였다. 늦으나마 병간할 기회를 주어서 좋아라 했는데 무산되었으니 딸아이는 눈물을 글썽이며 안타까워하였다.

"긴 병에 효자 없다"는 속언도 있는데 다들 고마웠다.

퇴원 후 가족이 모인 자리에서 명심보감 효행 편 한 구절을 들려주었다.

> 부모님에게 효도하면 자식 역시 효도하느니라.
> 자기가 불효하였는데 어찌 그 자식이 효도하리오.
> 불신不信이면 단간첨두수但看簷頭水하라.
> 점점적적불차이點點滴滴不差移니라.
> 믿어지지 않으면 처마 끝 낙수를 보아라.
> 방울방울 떨어져 내림이 어긋남이 없느니라.

자식은 자기 어버이가 그 어버이에게 하는 대로 한다

는 뜻이다. 부모가 환후일 때 어떻게 해야 하는지 우리 아이들이 이번 일로 잘 배우고 실천할 것으로 생각되어 내 비록 죽을 고생을 했지만 한편으로는 흐뭇하고 고맙다.

책을 엮고 나서

책머리에서 언급했듯이, 사람이 죽음에 처했을 때 어떤 마음이 드는지, 또 그렇게 절박한 상태일 때 어떤 마음으로 대처해야 하는지, 필자는 무엇에 의지하여 그 고비를 넘겼는지, 다행히 고비를 넘기고 살아났을 때 어떤 자세로 살겠다고 다짐했는지 등, 평범한 사람들이 일상에서 경험하기 어려운 일을 직접 겪었기에 그때 심정을 소상하게 알려드리기 위하여 이 책을 펴낸다.

우리 나이의 사람들은 일본인의 지배를 받았던 일제 강점기도, 해방 후 미군정시대도, 동족끼리 잔혹하게 싸웠던 6·25동란도, 부정선거를 죽음으로 항거했던 4·19

의거도, 군사정권이 일으킨 5·16정변도, 피 흘리며 쟁취했던 민주화운동 등 파란만장했던 국가 변천사를 직접 겪었다.

이렇게 굴곡이 많았던 시절, 나의 삶에서 진하게 기억나는 몇 가지 사연도 같이 엮어서 원고를 정리하고 그 내용을 다시 차분히 검토해보니 처음 마음먹었던 것과는 달리 별 가치 없는 잡상인 듯하였다. 고사성어 그대로 용두사미龍頭蛇尾라고 판단되어 출판을 오랜 기간 망설이고 있었다.

어느 날 나와 지면이 두터운 고성의 화당 김용화 선생과 차담을 나누다가 출판 보류 사실을 화당 선생이 알게 되었다. 선생은 미완된 원고를 빼앗아가 정밀 교정하여 출판을 독려하였다.

내가 40대 중반 무렵, 향안香岸 임완숙 선생이 전국교사불자연합회 초대회장으로 계실 때부터 15년 넘게 방학 중, 교사불자연수 때마다 만났던 분이다.

향안 선생은 "우리 불교 1500년 고목에 또 하나의 새싹을 틔우겠다."는 발원을 하며 전국교사불자연합회를 창립하는데 구심 역할을 하셨다. 연수 때마다, 회장님으로서 인사말도 해야 하고 남 앞에 나서는 때가 자주 있었는데, 남을 치하하는 말씀만 하셨지 자기에 대하여는 사적인 말일지라도 한 번도 한 적이 없었으니 하심下心이 몸에 밴 분이라고 생각되었다.

그래서 나에게는 큰 스승으로 비쳤으며 향안 선생도 이심전심이었던지 덕담도 해주시고 자기 시집이며 문학 동인지 등을 출간할 때마다 10여 차례나 나에게 보내주셨다. 학연이나 지연 없이 단체모임에서 우연히 만난 사람끼리 존경과 신망이 이렇게 두터운 사이가 된 것은 아마도 불은佛恩인 것으로 생각되었다.

내가 쓴 글이 생각에 비하여 표현이 미숙한 것 같아서 향안 선생에게 교정과 추천의 말씀을 부탁드렸더니 세세히 교정도 해주시고 흔쾌히 추천의 말씀까지 붙여주셨으니 고맙기가 이를 데 없다. 화당과 향안 두 선생의 도움을 받아 이 책을 펴내게 되었으니 고맙기 한량없다.

향안 선생이 원고를 읽어보시고, 본문에 내 아내와 자녀들에 관한 미담이나 소소한 내용을 넣었으면 좋겠다고 조언하셨으나 자칫 팔불출八不出의 우를 범할까봐 생략하였으나, 어진 아내 만났기에 편안하고 행복한 삶이었으며, 곱게 자라서 항상 내 곁을 지켜주는 네 자녀도 고맙기 그지없다.

  길랭바레라는 희귀병을 앓기 전에는 의료인의 고마움을 모르고 살았는데 죽을 고비를 넘기고 살아나 보니 아픈 몸을 치료해주는 의료인들의 고마움을 절실히 느꼈다. 나의 건강을 늘 챙겨주시는 진주 연세의원 정만석 원장님과 부부약국 유미화 약사님, 이상약국 우상규·구자철 약사님들이 새삼 고맙게 느껴진다.

  힘든 고비 때마다 지극정성으로 기도해 주시는 부산 기장, 동방 약사사 염혜스님의 인자하고 온화한 모습이 떠오를 때는 약사여래를 친견한 듯 힘이 솟아나고 환희가 넘친다.

  고서에 "천산백설만千山白雪滿하니 불원춘소식不遠春消息"이라 하였다. 온 산에 눈이 쌓였으니 이내 봄이 올 것이라는 희망의 노래이다. 요즈음은 피붙이를 비롯하여 내 주변에 있는 많은 사람들에게「경사가 있다」는 소식이 올 것 같은 기대를 하며 이 노래를 자주 읊조린다.

재생처가
보였으나
할 일이 남아서

최명림 수상집

펴낸날	2023년 7월 25일
지은이	최 명 림
펴낸이	오 하 룡
펴낸곳	도서출판 경남
주소	창원시 마산합포구 몽고정길 2-1
연락처	(055)245-8818, fax.(055)223-4343
블로그	gnbook.tistory.com
이메일	gnbook@empas.com
등록	제1985-100001호(1985. 5. 6.)
편집팀	오태민	심경애	구도희
ISBN	979-11-6746-113-1-03810

ⓒ 최명림

*잘못된 책은 바꿔 드립니다.
*저자와 협의 인지 생략합니다.

〔값 11,000원〕